C000157017

1 MONTH OF
FREE
READING

at

www.ForgottenBooks.com

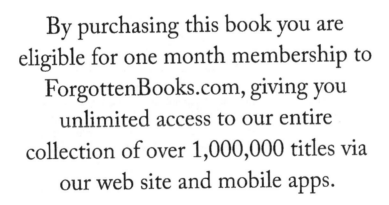

By purchasing this book you are eligible for one month membership to ForgottenBooks.com, giving you unlimited access to our entire collection of over 1,000,000 titles via our web site and mobile apps.

To claim your free month visit: www.forgottenbooks.com/free390460

* Offer is valid for 45 days from date of purchase. Terms and conditions apply.

ISBN 978-0-265-71623-6
PIBN 10390460

This book is a reproduction of an important historical work. Forgotten Books uses
state-of-the-art technology to digitally reconstruct the work, preserving the original format
whilst repairing imperfections present in the aged copy. In rare cases, an imperfection in
the original, such as a blemish or missing page, may be replicated in our edition. We do,
however, repair the vast majority of imperfections successfully; any imperfections that
remain are intentionally left to preserve the state of such historical works.

Forgotten Books is a registered trademark of FB &c Ltd.
Copyright © 2018 FB &c Ltd.
FB &c Ltd, Dalton House, 60 Windsor Avenue, London, SW19 2RR.
Company number 08720141. Registered in England and Wales.

For support please visit www.forgottenbooks.com

LE PÉROU

AVANT

LA CONQUÊTE ESPAGNOLE,

Paris.—Imprimé par E. Thunot et Cᵉ, rue Racine, 26, près de l'Odéon.

AVANT

LA CONQUÊTE ESPAGNOLE,

D'APRÈS LES PRINCIPAUX HISTORIENS ORIGINAUX
ET QUELQUES DOCUMENTS INÉDITS SUR LES ANTIQUITÉS
DE CE·PAYS.

PAR M. ERNEST DESJARDINS,

DOCTEUR ÈS LETTRES, PROFESSEUR D'HISTOIRE AU LYCÉE BONAPARTE,
MEMBRE DE LA COMMISSION CENTRALE DE LA SOCIETE DE GEOGRAPHIE

PARIS.

ARTHUS BERTRAND, ÉDITEUR,

LIBRAIRE DE LA SOCIÉTÉ DE GÉOGRAPHIE,

21, RUE HAUTEFEUILLE.

1858

LE PÉROU

AVANT LA CONQUÊTE ESPAGNOLE,

D'APRÈS LES PRINCIPAUX HISTORIENS ORIGINAUX
ET QUELQUES DOCUMENTS INÉDITS SUR LES ANTIQUITÉS
DE CE PAYS.

Si la question relative à l'origine des races du Nouveau-Monde n'a fait que peu de progrès depuis la publication des travaux de M. de Humboldt, on a réuni du moins un grand nombre de documents touchant l'histoire des peuples indigènes avant la conquête espagnole. On ne connaissait guère. il y a quelques années, que deux centres de civilisation ancienne en Amérique, le Mexique et le Pérou ; les intéressants ouvrages de MM. Squier et Stephens (1) nous ont révélé depuis qu'il avait

(1) *Nicaragua. Its people, scenery, monuments and the proposed interoceanic canal.* By E. G. Squier ; 2 vol. — *Incidents of travels in Central America, Chiapas and Yucatan.* By John L. Stephens ; 2 vol. Nous devons ajouter à ces noms celui de M. l'abbé Brasseur de Bourbourg, qui a séjourné six années tant au Mexique que dans l'Amérique centrale, et vient de publier le résultat de ses observations et de ses recherches dans un ouvrage intitulé : *Histoire des nations civilisées du Mexique et de l'Amérique centrale, antérieurement à Christophe Colomb* ; Arthus Bertrand. Paris, 1857.

existé, chez les peuples du Yucatan et du Nicaragua, une culture supérieure à celle des nations du nord et du midi. Il paraît à peu près certain aujourd'hui que ces peuples, dont l'établissement est antérieur à celui des Aztèques ou Mexicains, connaissaient l'écriture. On trouve du moins sur les monuments de Palenqué des signes qui figurent un nombre très-varié de clefs, dont le sens est d'ailleurs demeuré presque entièrement inconnu malgré les louables tentatives de M. Aubin, dont l'ouvrage doit paraitre incessamment.

Pendant que les travaux des deux voyageurs anglais, ou plutôt américains (1), se répandaient en Europe, le grand ouvrage de Kingsborough (2) faisait connaître en détail les antiquités mexicaines. Enfin, deux savants, qui ont consacré leur vie à étudier les anciens manuscrits de Mexico, préparent d'importantes publications sur le système d'écriture usité chez les Aztèques et sur l'histoire de ces peuples avant le xvie siècle. L'un est M. Ramirez, directeur du Musée des Antiques à Mexico; l'autre, M. Aubin, qui possède, à Paris, la plus riche collection de peintures mexicaines qui existe. Ainsi, grâce aux ouvrages déjà publiés sur les monuments et les institutions du Mexique, grâce aux travaux actuels des archéologues et des épigraphistes, on connaîtra bientôt l'histoire de ce pays depuis la fin du xiie siècle de J.-C., époque de l'arrivée des Aztè-

(1) MM. Squier et Stephens sont tous deux des États-Unis.
(2) *Kingsborough's Mexican Antiquities*. 9 vol. in-fol.

ques dans l'Anahuac, avec la suite non interrompue des rois et les dates de leur avènement; on doit espérer même pouvoir remonter avec certitude jusqu'aux temps antérieurs de plusieurs siècles a cette grande révolution ; car les peintures nous permettraient, à ce que l'on assure, de reconstruire les annales du Mexique depuis l'année 620 de notre ère.

Il s'en faut bien que nous ayons pour le Pérou une mine aussi riche de documents. Cette différence s'explique d'un seul mot : les Péruviens ne connaissaient pas l'écriture. Il est vrai que plusieurs des auteurs, qui ont traité de l'histoire de cette contrée, affirment qu'à une certaine époque, l'usage a existé de tracer des caractères sur des parchemins appelés *quilcas*. Montesinos , qui a recueilli cette tradition, rapporte que Pachacuti III , l'un des rois prédécesseurs des Incas, ayant consulté Viracocha , le dieu suprême, déclara que c'étaient les lettres qui avaient occasionné tous les malheurs qui désolaient le Pérou : la peste, l'anarchie, la corruption des mœurs ; en conséquence, il défendit, sous les peines les plus sévères, l'usage de l'écriture, et, pour faire un exemple, il fit brûler vif un Amauta qui avait osé enfreindre ses ordres (1). Le même historien ajoute que c'est à dater de cette époque qu'on inventa, pour conserver le souvenir des événements historiques,

____

(1) *Mémoires historiques sur l'ancien Pérou*, par le licencié Montesinos (publié pour la première fois, traduit, dans la collection Ternaux Compans. Paris, 1840), p. 118-119.

les fameux *quipos* ou fils dont les nœuds et la couleur auraient exprimé un sens varié comme les mots et les phrases des langues phonétiques. Mais outre qu'il est bien difficile d'admettre qu'un peuple, après avoir connu l'écriture, en ait perdu la notion, on ne peut guère supposer que les monuments qui ont précédé l'époque des Incas, comme ceux de Tyahuanuco, par exemple, n'eussent jamais porté la moindre empreinte de caractères, si l'usage en eût été établi. Il faut ajouter que Montesinos, qui écrivait en 1652, plus de cent ans après la conquête espagnole, nous paraît moins digne de foi que Garcilaso, contemporain de Pizarre; or, non-seulement ce dernier historien ne parle pas de l'écriture péruvienne, mais il affirme que les *quipos* étaient des fils servant seulement à compter. Il est d'autres écrivains, il est vrai, qui ne partagent pas cette opinion : Balboa est du nombre : mais il existe un fait qui semble confirmer le rapport de Garcilaso : c'est la concordance des historiens dans le récit qu'ils nous font de la manière dont s'étaient de tout temps transmis les ordres du gouvernement péruvien, par le moyen de courriers, appelés *chasquis*, qui apprenaient par cœur la dépêche, la répétaient à d'autres messagers postés dans différents relais, et ainsi de suite, jusqu'à ce qu'elle fût arrivée à sa destination (1). Il est bien probable que, si les ordres du

(1) *Histoire du Pérou*, par *Miguel Cavello Balboa*, p. 11, 247-249 (ouvrage extrait des *Miscellanées* et publié, pour la première fois, traduit, par M. Ternaux-Compans, Paris, 1840).

souverain eussent pu être transmis au moyen des *quipos*, on n'aurait pas eu recours à cette correspondance orale, incommode et peu sûre. Il est, en outre, assez malaisé d'expliquer comment on serait parvenu, avec le seul secours de fils et de nœuds, si variés de couleur et de forme qu'on les suppose, à figurer une langue écrite.

Le défaut de caractères et de signes rend donc la tâche des historiens du Pérou fort difficile. On ne saurait procéder avec trop de prudence dans le choix des documents et éviter avec trop de soin les hypothèses qui ont jeté tant d'incertitude et de confusion dans les récits des écrivains espagnols. En conservant les traditions légendaires qui nous paraissent avoir un grand intérêt au point de vue des mœurs, de la religion et même de l'origine de la race péruvienne, nous examinerons si ces récits sont bien puisés à la source des croyances populaires et s'ils n'ont pas été détournés de leur sens primitif par l'esprit de système ou les idées préconçues des historiens de la race conquérante. Les traditions orales, recueillies par eux, nous font connaître ce que nous appellerons la *légende des Incas*, c'est-à-dire l'histoire plus ou moins authentique des trois ou quatre siècles qui précèdent la conquête ; encore trouvons-nous des différences considérables dans les récits qui nous sont parvenus sur cette période (1). Si l'on voulait remonter plus

---

(1) Ceux qui ont écrit sur le Pérou après la conquête ne sont presque jamais d'accord entre eux, ni sur les faits, ni sur les noms, ni même sur les mots les plus usuels de la langue du pays. D'abord, pour

haut, l'on ne trouverait que des fables absurdes, de pures inventions qui ne paraissent même pas recouvrir le moindre fond de vérité. Parmi les historiens des Incas, c'est à Garcilaso que nous accordons le plus de confiance, malgré les attaques récentes dont il a été l'objet. Espagnol par son père, issu, par sa mère, de la race royale du Cuzco, il a passé toute sa jeunesse au Pérou, à l'époque qui a suivi la conquête, et c'est de la bouche même de ses parents maternels qu'il a recueilli tout ce qu'il nous a transmis sur l'histoire de sa famille et sur les usages civils et religieux de sa patrie. Il est vrai qu'il a quitté l'Amérique à l'âge de dix-sept ans ; mais les souvenirs de jeunesse ne sont-ils pas les plus durables et les plus fidèles ? D'ailleurs, les autres écrivains ont conformé le plus souvent leurs récits au sien ; et, ce qui vaut mieux encore, les voyageurs qui ont sé-

les faits, cela provient de l'absence de tout document certain dans une histoire qui ne repose que sur la tradition orale ; pour les noms et les mots de la langue, la divergence est plus grande encore : elle provient de ce que le *qquichua*, en passant, après la conquête, de l'état de langue parlée à celui de langue écrite, chacun, suivant son plus ou moins d'aptitude à percevoir les nuances dans les sons, suivant aussi la province à laquelle il appartenait en Espagne, et, par conséquent, suivant son accent, a dû transcrire d'une manière très-diverse les sons de la langue qquichua en caractères espagnols ; car, pour rendre les sons, entièrement nouveaux, de cette langue, on a dû inventer des lettres ou attribuer à celles dont on disposait des consonnances arbitraires. De là vient l'impossibilité presque absolue où l'on est de retrouver, dans l'orthographe adoptée par chaque auteur, les mots qquichuas qu'il a voulu représenter, et de là aussi l'impossibilité de faire concorder, partout ailleurs que sur les lieux en consultant la langue parlée, les noms et les mots sur lesquels repose cependant toute la tradition.   L. A.

journé dans le pays, qui ont étudié les anciens
monuments et les mœurs actuelles des Indiens, confirment presque toujours les observations de Garcilaso. Si les historiens Herrera, Acosta, Gomara, Betanços, Pedro de Cieça, Calancha, Avendano et
Garcia ne nous paraissent pas aussi dignes de foi
que l'auteur indigène, c'est qu'aucun d'eux ne s'est
trouvé dans des conditions aussi favorables pour
être instruit des antiques traditions du pays. Mais
leurs écrits nous ont fourni un grand nombre de détails curieux sur les usages et les institutions dont
ils ont pu retrouver encore de nombreux vestiges.
M. Ternaux-Compans, en publiant, dans le cours
de l'année 1840, les histoires jusqu'alors inédites de
Balboa et de Montesinos, a rendu un véritable service à la science. Le premier surtout jouit, en Amérique même, d'un certain crédit. Après avoir pris
du service en France sous le règne de Henri II,
Balboa avait embrassé l'état écclésiastique et était
parti pour l'Amérique en 1566. Il y séjourna vingt
ans, fit, à Bogota, la connaissance d'un frère mi-
neur, Juan de Orosco, qui lui communiqua plusieurs
ouvrages composés par lui sur l'origine des Indiens
C'est en 1576 que Balboa commença, à Quito,
son grand ouvrage des *Miscellanées* qui fut terminé
en 1586. Nous savons très-peu de chose sur la vie
de Montesinos, mais il écrivit son histoire beaucoup
plus tard et elle diffère essentiellement, comme nous
le verrons bientôt, de celles de ses devanciers. Ainsi
la première, et, pour ainsi parler, la seule source à

laquelle nous devions puiser pour l'histoire tradi-
tionnelle des événements, c'est le récit des écrivains
espagnols et surtout celui de Garcilaso.

Pour ce qui concerne les usages religieux et politiques, publics et privés, les monuments nous seront
d'un grand secours : ce sont des témoins irrécusa-
bles. L'archéologie comparée nous fournira les preuves les plus solides dans la grande question de l'origine de la civilisation américaine.

La philologie, aussi bien que l'étude des monuments, devrait nous révéler de curieuses analogies
entre les peuples de l'ancien et ceux du nouveau
continent; mais on ne saurait établir en principe,
avec le peu de données certaines que nous offre
cette science si difficile et si complexe, la dérivation des langues de l'Amérique de celles de l'Asie.
On a tenté de montrer, dans ces derniers temps,
que la langue mexicaine renfermait un grand nombre de radicaux chinois et que, par conséquent,
les peuples aztèques devaient procéder de la Chine.
L'entreprise n'était pas nouvelle : Garcia avait consacré tout un chapitre au vocabulaire des mots qui
lui avaient paru présenter quelque rapport dans les
deux langues; il est vrai qu'il avait découvert aussi,
dans le mexicain, un grand nombre de mots latins
qui, assurait-il, avaient le même sens à Mexico que
dans l'ancienne Rome. Or il nous semble que ceux
qui se livrent à ces recherches délicates de la philologie comparée n'ont pas toujours une assez grande
expérience des langues orientales et des langues

américaines surtout dont les idiomes sont infinis;·
car il en existe autant que de tribus indigènes. On
sait en effet que le qquichua n'a été parlé dans tout
le Pérou qu'après la conquête des Incas, et que, primitivement, chaque peuple, chaque vallée, chaque
montagne, avait son langage : plusieurs subsistent
même encore aujourd'hui. Il ne faudrait pas croire
non plus que la langue otomie ait été répandue de
tout temps dans l'empire du Mexique. En supposant que l'on eût la connaissance raisonnée et appro-
fondie des cent trente ou cent quarante langues principales du nouveau continent et que l'on possédât à
fond celles de l'Asie, il faudrait encore, pour établir
des rapports certains entre les unes et les autres, que
l'on connût parfaitement la prononciation et l'accent
qui ont dû nécessairement varier suivant les lieux et
les temps. Ainsi les révolutions politiques et le changement de climat, qui ont produit des altérations
profondes dans la manière de prononcer les mots,
en ont introduit, par suite, dans les langues elles-
mêmes; car elles ne peuvent avoir rien de fixe chez
les peuples qui ne connaissent pas l'écriture, et elles
subissent, dans leur constitution même, des varia-
tions identiques à celles de la prononciation. Nous
croyons donc, en raison de si grandes difficultés,
qu'on risque fort de prendre des rapports dus au
hasard pour des analogies grammaticales, et nous
ne craignons pas d'affirmer, avec M. de Humboldt,
que la comparaison des idiomes des deux continents
n'a donné, jusqu'à ce jour, aucun résultat impor-

tant. Laissant donc cette étude à de plus habiles ou à de plus téméraires, nous ne demanderons point à la philologie des preuves qu'elle ne saurait fournir à la légitime exigence des esprits sérieux.

Nous ne dirons rien non plus des rapports physiologiques des races. Parmi les savants, les uns se sont efforcés de saisir des ressemblances, les autres au contraire se sont appliqués à découvrir des différences entre le type américain et ceux des peuples de l'ancien continent. Les premiers ont cru reconnaître certaines analogies entre les races tartare et indienne (ou américaine); les seconds soutiennent, au contraire, que la configuration du crâne, les os de la face, la forme du nez surtout, établissent une séparation complète entre ces deux types, — sans parler de la couleur. Nous ne trouvons, à vrai dire, rien qui rappelle d'une manière satisfaisante les principaux caractères physiques de l'Américain parmi les races de l'ancien continent. Faut-il en conclure que la dérivation des tribus indiennes de celles de l'Asie est impossible? Loin de là! Nous pensons que l'on ne saurait tirer aucune preuve de ce fait physique contre la croyance à une création unique de l'espèce (1). En effet, les peuples d'Asie, d'Afrique et d'Europe ne présentent-ils pas entre eux une plus grande variété et des différences bien plus profondes? La séparation entre la race caucasique et la

_____

(1) Cette dernière opinion est adoptée aujourd'hui par les savants français les plus compétents en ces matières, comme MM. de Quatrefages et Alfred Maury.

race nègre est assurément bien plus tranchée que celle qu'on peut observer entre les Américains et les Mongols ou les Malais. Or, il faut en conclure, de toute nécessité, qu'il y a eu autant de créations qu'il existe de races, ou bien que quelque fait surnaturel a présidé à la formation des types divers et a produit les variétés de notre espèce. Nous doutons donc que la science toute seule puisse expliquer par l'effet du temps et des changements de climats des dissemblances physiques aussi frappantes. Garcia rapporte qu'on avait trouvé au Mexique des corps conservés dont l'existence remontait à plusieurs siècles avant la conquête; or on ne pouvait constater aucune altération sensible dans le type des Indiens depuis sept ou huit cents ans : comment supposer que des différences aussi considérables que celles qu'on observe entre les races de l'ancien continent et celles du nouveau se soient introduites dans l'espace de temps, si long qu'on veuille le supposer, qui a précédé l'inhumation de ces corps? Ainsi la science qui, sous peine de perdre tout caractère de certitude, ne doit s'appuyer que sur l'observation, n'est arrivée à aucun résultat satisfaisant touchant la formation des types divers de l'espèce humaine. Nous écarterons donc toute discussion sur les rapports des races, non-seulement comme inutile, mais comme étrangère même à la question de l'origine des peuples américains dont le type diffère moins du nôtre que celui des nègres. On a beaucoup écrit sur cette question, dans ces derniers temps, surtout aux États-Unis. Il semble que les problèmes insolubles soient ceux qui excitent au plus haut point la curiosité de certains esprits. Mais nous avouons, après avoir lu de fort savantes dissertations sur cette matière, n'y avoir rien appris : à nos yeux, la question n'a pas avancé d'un pas. Quelques-uns, comme M. Hermann E Ludewig, ont été jusqu'à affirmer que l'Amérique n'a pu être peuplée par les races de l'ancien continent, parce que les communications par terre sont impossibles, et que jamais des tribus entières n'ont dû traverser les immenses forêts vierges de l'Orégon. Mais, outre qu'il n'est pas nécessaire de supposer que les colons soient venus par le nord, au nombre de plusieurs centaines de mille, il ne serait pas impossible qu'ils eussent suivi, sur les mêmes vaisseaux qui leur auraient servi à traverser la mer, la côte de l'océan Pacifique jusqu'aux plaines fertiles du Mexique. Un des meilleurs arguments en faveur de la dérivation des races américaines des tribus de l'ancien continent serait, selon nous, le petit nombre d'habitants répandus dans les contrées du Nouveau-Monde à l'époque de la conquête espagnole. Si l'on suppose en effet que l'Amérique a été peuplée de tout temps, comment expliquer que cette race se soit si peu multipliée en comparaison de celles de l'autre hémisphère. M. de Humboldt lui-même ne nous paraît pas en avoir donné une explication satisfaisante. Il dit que « rien ne prouve que l'existence de l'homme soit beaucoup plus récente en Amérique que dans les autres continents. Sous les tropiques, ajoute-t-il,

la force de la végétation, la largeur des fleuves et
les inondations partielles ont mis de puissantes en-
traves aux migrations des peuples. De vastes contrées de l'Asie boréale sont aussi faiblement peu-
plées que les savanes du Nouveau-Mexique et du
Paraguay, et il n'est pas nécessaire de supposer que
les contrées les plus anciennement habitées soient
celles qui offrent la plus grande masse d'habitants.»
— Si, par contrée, l'on entend un continent entier,
nous croyons, au contraire, qu'une plus grande
masse d'habitants indique une plus haute ancien-
neté d'occupation. L'exemple choisi par l'illustre savant ne nous paraît pas concluant; car des causes
purement physiques, comme la rigueur du climat,
ont dû s'opposer à ce que l'Asie boréale, par exemple, fût aussi peuplée que les régions tempérées; il
en est de même pour le centre de l'Afrique; les
hommes ont dû naturellement rechercher, dans un
continent, les pays salubres et fertiles où la vie est
plus douce et plus facile. Mais, nous le répétons, si
l'Amérique avait été peuplée en même temps que les
terres de l'autre hémisphère, comment expliquer
que les tribus du Nouveau-Monde ne se fussent pas
multipliées comme celles de l'ancien? Les obstacles
dont parle M. de Humboldt, touchant la migration
des peuples, ne sont pas sérieux. Ils devaient être les
mêmes en Asie et en Europe. Les fleuves à franchir
ne sauraient arrêter les tribus errantes; les forêts
vierges disparaissent avec le temps par la hache ou
par l'incendie et font place à la culture. Nous croyons

2

donc que l'argument qu'on s'est efforcé de détruire subsiste dans toute sa force. Mais, sans insister plus longtemps sur de semblables discussions qu'on peut prolonger à l'infini, nous laissons ces questions insolubles aux loisirs des Sociétés ethnographiques des États-Unis, pour nous occuper exclusivement des traditions et des monuments qui peuvent répandre quelque lumière sur l'histoire des peuples de l'Amérique et sur leurs rapports avec ceux de l'Asie. Nous nous bornerons donc à constater des analogies dans les civilisations et non dans les races, et nous divisons ainsi notre travail.

Nous rapporterons d'abord les principales légendes sur l'origine sacrée du Pérou ; nous recueillerons ensuite dans les historiens, dont nous chercherons, autant que possible, à concilier les témoignages ou à expliquer les contradictions, le récit des événements les plus importants de l'époque des Incas, puis nous étudierons les institutions religieuses, politiques et civiles, et, comme la tradition seule ne peut nous donner une pleine lumière sur ces différents points, nous aurons recours aux monuments, dont l'étude nous permettra de contrôler l'histoire écrite après la conquête et nous amènera peut-être à des conclusions plus sûres touchant les usages, les mœurs, la religion des Péruviens, et nous ajouterons, touchant l'origine des civilisations américaines. C'est à M. Léonce Angrand, consul de France en Amérique, que nous devons la connaissance de ces documents précieux et uniques qui répandent un jour inattendu sur cette intéressante question.

I.

TRADITIONS INDIENNES SUR L'ORIGINE DU PÉROU.

En lisant les écrivains espagnols, on est frappé de l'infinie variété de traditions, souvent contradictoires, qu'ils ont recueillies sur l'origine de la race péruvienne. Il ne faudrait pas en conclure que leur témoignage est indigne de toute créance et qu'ils ont dû substituer leurs propres inventions à celles des peuples indigènes. La multiplicité des tribus réunies sous la domination des Incas, explique le nombre et la diversité de ces légendes. Chaque tribu avait ses lois, sa religion et ses origines sacrées. Les rois du Cuzco, en détruisant les nationalités et en imposant à chaque pays le culte du soleil, n'avaient pu étouffer tant de chers souvenirs, ni faire oublier les légendes merveilleuses qui rappelaient aux vaincus la patrie d'autrefois. Avec le temps, toutes les fictions dorées dont ces peuples se plaisaient à entourer leur berceau, se mêlèrent au culte général sans s'y confondre, et compliquèrent singulièrement la théogonie des Péruviens. De là vient le désaccord apparent des historiens qui ont attribué au seul peuple du Cuzco les origines religieuses des diverses nations réunies sous son empire.

Un des premiers Européens qui s'occupa des

antiques croyances du Pérou, fut Betanços (1) ; il avait été chargé par le vice-roi, Antonio de Mendoça, de rechercher les superstitions qui avaient survécu à la conquête. Il rapporte, la tradition suivante, recueillie de la bouche des indigènes. Dans les temps les plus reculés, il n'y avait ni jour ni nuit. Le Dieu Viracocha, étant sorti d'un lac du Colla-suyu, se rendit dans la province de Tyahuanaco et créa le soleil auquel il ordonna d'accomplir sa révolution ; il créa ensuite les planètes et les étoiles. Ses compagnons, établis dans une des vallées du Pérou, lui ayant désobéi, il sortit une seconde fois du lac et les changea en pierres. Quelques-uns disent que ce fut seulement alors qu'il créa le soleil et les astres. Ainsi les premières générations auraient vécu dans les ténèbres. Viracocha, après avoir dépeuplé la terre, songea à former une seconde race humaine : ayant pris d'autres pierres, il leur communiqua la vie et donna naissance à des hommes, à des femmes enceintes et à des femmes accouchées avec de petits enfants dans leurs berceaux. Toute la race péruvienne fut donc tirée des pierres. De même qu'à sa première sortie du lac, il avait avec lui des compagnons, auxquels il dit : « Remarquez les figures que j'ai faites et allez dans différents pays : les hommes sortiront des fontaines et des rochers dès que vous les appellerez. » Ils se confor-

_____

(1) Histoire manuscrite des Indiens. *Voy.* Garcilaso, tome I, liv. I, c. 2 et 10 ; Herrera, Decad. IV, l. III, c. 6 ; Garcia rapporte aussi les récits de Betanços.

mèrent aux ordres de Viracocha et se répandirent
dans toutes les contrées, s'arrêtant aux lieux où se
trouvaient des pierres en grand nombre ; là, ils disaient à haute voix : « Sortez et peuplez cette terre ;
car telle est la volonté de Viracocha qui a fait le
monde. » — Et les hommes sortaient en foule des
cavernes, des rivières, des fontaines et des montagnes, et ils peuplaient la terre. Viracocha partit
lui-même pour la vallée où fut plus tard le Cuzco,
il traversa la montagne de Casamalca (aujourd'hui
Cajamarca), et, partout où il passait, il appelait les
hommes qui sortaient à sa voix des sources et des
rochers. Étant arrivé à un lieu appelé Cacha (ou,
peut-être, *Cocha*, lac), à 18 lieues du Cuzco, des
hommes tout armés sortirent de la montagne, et,
méconnaissant leur créateur, ils se jetèrent sur lui
pour le tuer ; mais Viracocha, pénétrant leurs intentions, fit tomber à l'instant une pluie de feu qui désola
la Cordillère. Les Indiens, effrayés de ce prodige, se
prosternèrent devant le Dieu pour l'adorer. Celui-
ci, voyant leur repentir, prit une baguette, la passa
sur la flamme qui s'éteignit aussitôt. Il dit alors
aux Indiens : « Je suis le Seigneur votre Dieu ; c'est
moi qui ai créé le soleil et les étoiles. » En mémoire
de cette apparition, les Indiens élevèrent dans cet
endroit même une *huaca* (1), ou maison sacrée,

(1) *Huaca* signifie, en langue vulgaire, *saint, sacré*. Par extension, ce mot désigne tous les lieux consacrés par la religion, comme
les temples, les idoles, les tombeaux. Aujourd'hui, il ne s'emploie
guère que dans ce dernier sens.   J. A.

dans laquelle ils firent des offrandes d'or et d'argent au puissant Viracocha. Ils enseignèrent ce culte à leurs enfants. Viracocha, se rapprochant toujours du Cuzco, arriva dans un lieu appelé aujourd'hui Tambo-de-Urcos (1) qui n'en est distant que de 10 lieues (6 ou 7 lieues castillanes). Étant parvenu sur la cime de la montagne, il appela les Indiens qui vinrent l'adorer. Dans la suite, ils construisirent en ce lieu une *huaca* et y placèrent l'image en or de Viracocha, sur un banc, également en or massif. Lorsque le Dieu fut arrivé dans la vallée célèbre ou devait s'élever la capitale du Pérou, il désigna un chef pour commander à toute la contrée. Ce lieu fut appelé *Cosco* et, plus tard, Cuzco. De ce chef est

(1) Le nom ancien est *Tampu : Tambo* est une altération que les Espagnols ont fait subir au mot indien. *Tampu* en qquichua, *tambo*, en créole du Pérou, veut dire *auberge* ou *lieu de repos*. C'est ce qu'on appelle en Espagne *venta* ou *meson*. Beaucoup de noms de villes, au Pérou, se terminent par la désinence *tampu* ou *tambo*, ce qui provient sans doute de ce que ces villes se sont formées autour des *tampu* ou *tambos* dont elles ont pris le nom. C'est comme le mot *château* ou ses équivalents qui entre dans la constitution de tant de noms de villes en Europe. Il se présente souvent, dans les auteurs espagnols, des noms de localités terminés par *tampu* on *tambo* qu'ils appliquent à des montagnes, à des fleuves, etc. ; correctement, il faudrait : *la montagne de.....*, *la rivière de.....* Certainement la montagne en question ne s'appelait pas *Tampu* ni *Tambo-de-Urcos*, mais bien *la montagne de Tampu-de-Urcos*, parce qu'elle se trouvait située près de la localité de ce nom. Le lieu appelé aujourd'hui *Tambo-de-Urcos* est dans la vallée et sur la rivière de *Yucai* dans le lieu qu'habitait sans doute la peuplade des *Urcos*, l'une de celles qui, par faveur spéciale, étaient autorisées à porter les oreilles plus ouvertes qu'aucune autre de l'empire des Incas (Garcilaso; *Commentar. reales*, 1 I, c. xxiii).

L. A.

sortie la race des Incas, fils du soleil. De là, Viracocha se rendit dans le pays baigné par la mer, il s'a-
vança sur les flots, où il marchait comme sur la terre
ferme, et disparut à l'horizon.

Une autre tradition rapporte qu'au commencement, un personnage appelé *Con*, sans os ni nerfs,
ni membres, fils du soleil et léger comme l'air, rem-
plit la terre d'habitants et les combla de tous les
biens imaginables ; mais qu'ayant été mécontent
d'eux, il les priva de pluie. C'est alors que toute la
côte de la mer du sud devint aride. Un autre fils du
soleil, plus puissant et meilleur que Con, vint des
régions du midi : il s'appelait *Pachacamac*, ce qui
signifie créateur du ciel et de la terre (1). Le premier
acte des hommes créés par Pachacamac fut de lui
élever un temple à l'entrée de la vallée de Lurin, du
côté du sud et à 4 lieues de l'endroit où les Espagnols fondèrent Lima. Plus tard, les prêtres de ce
temple rendirent des oracles. Les princes et les seigneurs du pays furent inhumés en ce lieu : on en-
terrait avec eux celle de leurs femmes qu'ils avaient

---

(1) Garcilaso, *Commentar. reales*, l. I, c. ii ; Pedro de Cieça, c. lxii.
— Les Indiens du Pérou donnent une autre origine au nom de *Pachacamac*, en le faisant dériver des mots *ppaccha*, qui veut dire *source,
fontaine, origine*, et *Cama* qui signifie *tout* pris dans un sens absolu. En effet, les Indiens de la côte prononcent *Pachacama* et non
Pachacamac. D'après cela, *Pachacama* voudrait dire *source de
toutes choses*. Cette étymologie me parait préférable à l'autre, car le
culte de *Pachacama* était propre aux Indiens de la côte et c'était
d'eux que les peuples du Cuzco l'avaient empruntée en quelque sorte
par transaction, confondant *Pachacama* avec leur *Viracocha*.
L. A.

le plus aimée, leurs principaux domestiques et les insignes ou attributs qui rappelaient leur dignité. Tel est le récit de Gomara et de Levino Apolonio sur l'origine des peuples du Pérou (1). Il est évident que cette dernière fiction est empruntée aux habitants de la côte qui adoraient Pachacamac. Le récit merveilleux que nous avons rapporté plus haut sur Viracocha a été recueilli parmi les nations de la Cordillère, des environs du Cuzco et du lac Titicaca. Ces deux traditions n'ont rien de contradictoire : elles appartiennent seulement à deux pays différents, à deux religions distinctes, fondues, plus tard, en une seule par suite des conquêtes des Incas. Il est digne de remarque qu'elles parlent l'une et l'autre de deux créations successives et de la destruction de la race humaine par suite de sa désobéissance.

Le P. Acosta (2) raconte que Viracocha, fit sortir les premiers seigneurs du Cuzco d'une grotte appelée *Pacaric-Tampu* (3). Mais cette tradition paraît se rapporter seulement à l'origine des Incas qui ne sont pas, comme on sait, les premiers dominateurs du Pérou.

Dans la plupart des contrées de l'Amérique, ces

---

(1) Voy. aussi Garcilaso, *Comment. reales*, l. x, c. 1 ; et Zarate, *Hist. de la conquête du Pérou*, l. I, c. x.

(2) Liv, I, c. 25.

(3) *Pacurec-Tampu* (Garcilaso, *Commentarios reales*, l. I, c. 15). Il faut se défier un peu de cette orthographe *Pacaric*, car les dictionnaires, faits, il est vrai, après la conquête et sous l'empire des idées catholiques, donnent un mot écrit ainsi : *Pacarik* qui voudrait dire *le péché originel* (évidemment de formation moderne). L. A.

indigènes avaient conservé des croyances semblables, en plusieurs points, à celles que nous venons
de rapporter sur la création de la race humaine.
Nous ajouterons à cela la tradition universellement
répandue d'un déluge. Les Indiens du Pérou racontent, à ce sujet, que, lorsque les eaux couvrirent
toute la terre, les habitants se réfugièrent dans les
hautes montagnes, et fermèrent l'entrée des cavernes après avoir fait une grande provision de vivres et avoir pris avec eux une couple de chaque
espèce d'animaux. Lorsque les eaux commencèrent
à se retirer, les hommes, réfugiés dans les cavernes,
lâchèrent les chiens qui revinrent tout mouillés, ce
qui les avertit qu'il n'était pas temps de quitter leur
retraite ; les ayant lâchés une seconde fois, ils revinrent crottés, mais non mouillés ; les hommes sortirent alors de leurs cavernes et repeuplèrent la terre
(Garcia). Nous retrouvons cette croyance parmi les
habitants de Santa-Fé-de-Bogota. Elle existe également au Mexique avec des particularités fort remarquables consignées sur les peintures qui nous sont
parvenues. D'après la cosmogonie de ce peuple, la
mère commune des hommes déchut de son premier
état de bonheur et d'innocence et ses descendants,
ayant mal vécu, furent détruits par un déluge : une
seule famille s'échappa sur un radeau. Le manuscrit
mexicain, copié par Pedro-de-Los-Rios, en 1566, et
conservé au Vatican sous le numéro 3738, nous représente, par des signes symboliques et des figures
qui n'ont rien d'impénétrable, les quatres âges du

monde. Le troisième âge, qui aurait duré 4008 années, fut terminé par un déluge. Cette peinture représente un homme et une femme enfermés dans un
tronc d'arbre flottant sur la surface des eaux qui
couvrent la terre (1). Cet homme s'appelait Coxcox (2). D'après un autre récit mexicain, sept individus seulement s'étant retirés dans des cavernes,
échappèrent à la mort, ce qui s'accorde assez bien
avec la tradition péruvienne. Ces personnages
étaient des géants comme tous les hommes qui vécurent avant le déluge. Les os de mastodontes, que
l'on trouve en grand nombre dans les environs de
Mexico, ont dû servir de prétexte à cette légende
sacrée. Les Indiens de ces contrées désignent encore
aujourd'hui les molaires des animaux anté-diluviens
qu'ils trouvent dans le sol, sous le nom de *dents des
géants.* Les sept géants sortirent de la caverne et l'un
d'eux appelé Xelhua, se dirigea vers Cholollan. En
mémoire de la montagne Tlaloc qui l'avait abrité
ainsi que ses frères pendant l'inondation, il construisit dans cette vallée une colline artificielle en

(1) Voy. la très-curieuse histoire du Mexique écrite en langue aztèque par Fernando de Alva (Ixtlilxochitl); — Gama, § 62, p. 97; —
Botturini, *Catalogo del Museo*, etc., § VIII, n° 13; — De Humboldt, *Vue des Cordillères.*

(2) Il faut se défier des anciens manuscrits espagnols pour ce qui a
rapport aux lettres figurées ainsi : X; ce sont, le plus souvent, des R.
Lorsque les Espagnols voulaient rendre le son de notre X, ils écri-
valent *cs*; quelquefois cependant le caractère X représentait bien
pour eux un X ; mais se prononçait comme la *Jota;* ainsi *Jerez* s'é-
crivait autrefois *Xeres.*   L. A.
Coxcox est l'orthographe adoptée par M. de Humboldt.

forme de pyramide dont la cime devait atteindre les nues. Les dieux irrités de l'audace de Xelhua, lancèrent la foudre sur ce monument. L'ouvrage ne fut pas achevé et on le consacra dans la suite au Dieu de l'air, Quetzalcoatl. Sur une autre peinture mexicaine, on voit la barque de Coxcox arrêtée sur une montagne, le pic de Cholhuacan. Les peuples de Méchoacan racontent que Tezpi qui est le même personnage que Coxcox ou Noé, s'embarqua sur un *acalli* spacieux avec sa femme, ses enfants, plusieurs animaux et des graines précieuses. Le grand esprit Tezcatlipoca ordonna que les eaux se retirassent. Alors Tezpi laissa sortir de son arche un zopilote ou vautour. L'oiseau qui se nourrit de cadavres ne revint pas ; Tezpi envoya d'autres oiseaux parmi lesquels était un colibri qui rapporta dans son bec un rameau garni de feuilles. « Les hommes nés après le déluge, dit M. de Humboldt, étaient muets : une colombe, du haut d'un arbre, leur distribua les langues. » Cette fausse interprétation du manuscrit est de Clavigero. La peinture ne représente rien autre chose que le départ d'une colonie : on voit, en effet, un oiseau perché sur le sommet d'un arbre, et, au pied, des hommes tournés tous du même côté comme une troupe qui se met en marche ; or le nom et le cri de cet oiseau signifient *départ*. C'est à M. Ramirez, directeur du musée des antiques à Mexico, que nous devons cette importante restitution du sens du manuscrit. Les récits que nous venons de rapporter sont empruntés aux monuments indigènes : en supposant que quelques détails aient

été mal interprétés, rien de plus avéré, de plus répandu au Mexique, que cette croyance ancienne au
déluge et à l'origine de la pyramide de Cholollan.
Nous croyons qu'en présence de pareils témoignages, il est impossible de douter des rapports qui ont
dû exister entre les contrées orientales de l'ancien
continent et l'Amérique, bien longtemps avant la
seconde découverte de l'Amérique par Colomb (1).
Il ne paraît donc plus permis aux esprits les plus
sceptiques de conserver quelque incertitude à cet
égard et d'oser écrire que « la manie d'attribuer à la
civilisation aborigène de l'Amérique une descen-
dance apostolique de l'ancien monde nous a valu
l'histoire imaginaire des émigrations opérées du
continent asiatique sur les côtes du Nouveau-
Monde (2). »

(1) Nous ne parlons pas de la découverte des terres du Nord par les
Normands pendant le moyen âge, car l'action civilisatrice de ces peuples paraît avoir été fort restreinte. Il est impossible du moins de retrouver, dans les latitudes méridionales, la moindre trace de leur in-
fluence permanente : c'est du moins l'opinion de M. César Dàly, archi-
tecte, directeur de la *Revue de l'Architecture*, etc. Il a passé trois
années à étudier les monuments dès aborigènes, depuis le Canada jusqu'au Panama. Il a fait, non des croquis ou des vues pittoresques,
mais des *relevés* mesurés à la manière des architectes et des anti-
quaires. Il a relevé, dans l'Amérique centrale, des villes entières avec
tous leurs monuments peints et sculptés. Il ressort de ces travaux, qui
ne tarderont pas à être publiés, que les Indiens avaient un système
propre d'architecture, peinture et sculpture tant en haut qu'en bas-
reliefs, que leur habileté dans les arts plastiques était fort remarquable, et que les peuples de l'Amérique, avant la conquête, viennent
à leur tour confirmer l'universalité du système de l'architecture poly-
chrome si discuté naguère à propos de l'antiquité grecque et ro-
maine.   E. D.

(2) Hermann E. Ludewig, *Lettre à M. Jomard*. New-York, 23 sep-

On trouve dans les sermons d'Avendano (1), écrits
moitié en espagnol, moitié en qquichua, une singu-
lière tradition sur l'origine de la race péruvienne.
Or, on doit ajouter d'autant plus de foi à l'existence
de la légende religieuse que nous allons rapporter,
que le moine espagnol n'en parle, dans son instruc-
tion, que pour la combattre comme un souvenir ido-
latrique. Dans une certaine contrée du Pérou, l'on
croyait que trois œufs étaient tombés du ciel : l'un
en or, le second en argent, le troisième en cuivre.
Du premier, étaient sortis les *curacas* ou chefs; du
second, les nobles ; du troisième, le peuple.

Ces fictions, qui rappellent à la fois la Bible et les
religions de l'Égypte et de l'Inde, ont assurément
un grand intérêt; mais il faut se contenter de semblables récits pour toute la période qui précède les
Incas, au Pérou. Ce n'est guère que 400 ans avant
la conquête que l'on aborde l'histoire probable de
ce pays. Presque tous les historiens espagnols s'accordent à reconnaître que, dans le premier âge, il
n'y avait que désordre et confusion, et que la civilisation de cette contrée ne date que de l'arrivée de
Manco Capac, premier Inca et législateur de Cuzco.
D'après ces écrivains, toute cette époque légendaire
aurait été comme l'âge de fer du Pérou. Les peuples,
encore barbares, sans lois, sans moralité, étaient li-
vrés à leurs instincts grossiers. Ignorant même les

tembre 1854 (Voy. le *Bulletin de la Société de Géographie* de Paris, janvier et février, 1855).
(1) Serm. IX, p. 100.

arts utiles, ils ne construisaient que de rustiques habitations et ne jouissaient d'aucuns des bienfaits des sociétés policées. Ils adoraient tout ce qu'ils voyaient : les plantes, les pierres, les grottes, les montagnes, — les animaux, les uns, pour leur férocité, afin de les conjurer; les autres, pour leur ruse, les autres enfin, pour le bien qu'ils en retiraient. Le condor, le faucon, l'aigle, la chauve-souris étaient au nombre de leurs divinités. Quelques tribus adoraient la terre; celles de la côte, la mer qu'ils appelaient *Mamacocha* (1). Ils faisaient t us des sacrifices humains, immolaient même quelquefois leurs propres enfants et s'adonnaient à la magie. Ils se construisaient des maisons en terre ou habitaient des cavernes. La promiscuité des sexes était générale et sans distinction. Tel est le tableau que Garcilaso nous

(1) De *mama*, mère, nourrice, dame, maîtresse, et *kocha*, lac : *lac nourricier*, ou, peut-être, *grand lac*; en effet, dans les langues primitives, où les mots expriment, avant tout, des faits et des idées matérielles, on trouve souvent que les qualités des choses les plus remarquables sont exprimées par le nom lui-même de ces choses en y joignant celui des objets auxquels on veut appliquer ces mêmes qualités. Or les père et mère sont d'abord plus *grands* et plus *forts* que leurs enfants, et ce n'est même que tant que cette disproportion existe que la paternité *est sensible à l'œil*. C'est ainsi que dans le créole français de Saint-Domingue, qui n'est qu'une application des mots français à la langue nègre, les mots *papa* et *maman* deviennent de véritables adjectifs, servant à exprimer que les objets auxquels on les applique sont grands et forts : *papa-bâton*, gros bâton ; *maman-bouteille*, grande bouteille, etc. Cela est tellement dans le génie de la langue qquichua que, pour n'en citer qu'un exemple, ceinture se dit *chumpi*, et, pour désigner une ceinture forte et large, on dit *mama-chumpi*. Je crois donc que *mamacocha* veut dire *grand lac*, ou la mer, plutôt que *lac nourricier*. L. A.

trace de l'état du Pérou avant l'arrivée des Incas, et presque tous les autres écrivains, venus après lui, conforment leurs récits au sien. Un seul diffère sur ce point : c'est Montesinos qui considère Pirhua-Manco, père de Manco-Capac, comme le civilisateur du Pérou, mais qui le place plusieurs siècles avant les Incas. Il dresse ensuite une longue liste de rois, auxquels il attribue un grand nombre d'institutions. Il croit que ces rois sont les vrais civilisateurs de ce pays, il donne même à entendre que la civilisation des Péruviens, pendant ces anciens âges historiques, était supérieure à celle des Incas. Sans accorder trop de confiance à cet écrivain, nous n'hésiterons pas à dire dès à présent que l'étude que nous avons faite des monuments semble jusqu'à un certain point justifier son opinion au moins d'une manière générale. Nous ajouterons qu'il a dû s'accomplir au Pérou une révolution analogue à celle du Mexique, où les Toltèques ont laissé des traces non équivoques d'une civilisation incontestablement plus parfaite que celle des Aztèques qui étaient en possession de cette contrée lors de l'arrivée des Espagnols. Ce fait, connu de tous ceux qui se sont occupés de l'histoire de cette dernière contrée, est entièrement nouveau pour le Pérou ; aussi tâcherons-nous d'en faire ressortir l'importance dans la dernière partie de ce travail.

II.-

MANCO-CAPAC (1).

L'époque de Manco-Capac peut être considérée comme l'*âge héroïque* de l'histoire du Pérou. La fable y est partout mêlée à la vérité; c'est, en quelque sorte, la transition de la fiction légendaire des temps primitifs à l'histoire politique des Incas. Que l'on considère Manco-Capac, ou Pirhua-Manco (d'après Montesinos), comme le premier des Incas ou comme le premier roi de la dynastie qui les a précédés, il n'en est pas moins le législateur du Pérou. Son existence même ne saurait être mise en doute. Il est certain en effet qu'un génie bienfaisant, de quelque nom qu'on veuille l'appeler, a présidé à l'organisation de cette société. Nous trouvons, à l'origine de toutes les histoires, un premier instituteur, un fondateur de l'ordre public que la reconnaissance populaire ne tarde pas à revêtir, après sa mort, d'attributs surnaturels. La réalité disparaît sous les pieuses fictions dont on se plaît à embellir sa vie. L'imagination des peuples reconnaissants, en introduisant le merveilleux dans l'histoire de ces personnages, parvient à entretenir le culte de leur mémoire. Nous verrons bientôt que les Muyscas, qui habitent un des plateaux de la Colombie, ont aussi leur Manco-Capac,

---

(1) *Manco*, nom propre, *kapac*, roi; on ne doit donc pas dire le roi Manco Capac, mais le roi Manco.

comme·les Mexicains, les nations du Tibet, de l'Inde,
de la Perse, de l'Égypte, de la Grèce et de Rome,
comme'presque tous les pays du monde.

De tous les récits qui nous ont été conservés·sur
Manco-Capac, c'est celui de Garcilaso qui nous a
paru le plus remarquable, surtout à cause de l'espèce de respect religieux qui respire dans ses paroles. La mère de l'historien habitait le Cuzco après
la conquête espagnole. Ses parents, de la famille de
Huascar (1), qui venaient la voir chaque semaine,
avaient échappé par la fuite aux barbaries d'Atahualpa. Ces visites empruntaient des circonstances
mêmes une certaine solennité ; elles se passaient en
entretiens graves et tristes : on y parlait des malheurs
de la famille et de l'empire ; on y déplorait autant
les calamités publiques que les infortunes'particu-
lières. Toutes leurs paroles devaient respirer la dou-
leur ; et, si quelque chose était capable d'en di-
minuer l'amertume, c'était le souvenir des temps
prospères de la dynastie déchue. La religion, célé-
brée avec ce sombre enthousiasme qui ne se nourrit
plus d'espérance, mais de regrets, ouvrait tous les
cœurs ; la patrie, les aïeux augustes devaient faire
le fond de tous les discours. Le jeune Garcilaso était
là, près de sa mère, et écoutait ces graves personnages des anciens temps. Son esprit, frappé des si-
nistres tableaux qu'ils retraçaient, a dû recevoir
souvent de ces fortes impressions qui ne s'effacent

(1) Ce nom s'écrit aussi par un G, ce qui indique que l'H est aspirée
en espagnol.   L. A.

3

jamais : cette famille était la sienne; ces malheurs le touchaient de trop près pour qu'il pût être indifférent à ces récits, et sa mémoire fidèle a dû nous les rapporter tels qu'elle les avait reçus. Nous croyons même retrouver dans la narration de l'historien comme un reflet de la gravité religieuse qui devait présider à ces entretiens. Lui-même interrogeait ses oncles qui lui racontaient tout ce qu'ils savaient de leurs ancêtres. On peut taxer Garcilaso de partialité pour les Incas et, certes, personne ne s'étonnera qu'il les ait représentés sous le jour le plus favorable et qu'il en ait fait les civilisateurs du Pérou; mais on ne saurait l'accuser de mauvaise foi, pas plus qu'Hérodote rapportant naïvement tout ce qu'il a recueilli de la bouche même des prêtres de l'ancienne Égypte. Un jour, l'un des oncles du jeune historien prit la parole et lui fit le récit suivant.

« Tu sauras, mon fils, que, dans les siècles passés, toute cette région était couverte de forêts et que les habitants vivaient comme des bêtes féroces, sans villes, sans religion, sans police, sans vêtements. Notre père, le soleil, voyant les hommes si barbares, leur envoya un de ses fils et une de ses filles pour leur enseigner la religion, leur donner des lois, les initier aux arts utiles et leur apprendre à jouir des biens de la terre. Notre père, le soleil, cacha ses deux enfants dans le lac *Titicaca* (1), qui est à 80 lieues de

---

(1) *Titi*, plomb, *kacca* ou *càca*, rocher, montagne. Il existe une mine de plomb dans une colline située au milieu de l'île qu'on appelle pour cela *île de Titicaca*; d'où est venu le nom du lac. **L. A.**

Cuzco. Un jour ils sortirent du lac, tenant à la main une baguette d'or qu'ils avaient l'ordre de lancer contre terre, dans tous les pays où ils viendraient à passer, jusqu'à ce qu'elle s'enfonçât dans le sol, de s'arrêter en l'endroit où elle le pénétrerait sans efforts et d'y fixer leur séjour. Étant partis du lac, ils se dirigèrent vers le nord, essayant partout de planter leur baguette, mais sans succès. Étant arrivés à huit lieues au sud de la vallée où fut plus tard le Cuzco, ils entrèrent dans une caverne qui s'appela depuis *Pacaric-Tampu*, c'est-à-dire *Maison de l'aurore* (1), parce que l'aurore se levait quand le fils du soleil et sa compagne en sortirent. Ils avaient avec eux leurs trois frères et leurs trois sœurs. Continuant à marcher vers le nord, ils arrivèrent à la vallée de Cuzco qui était couverte de forêts vierges. Ils s'arrêtèrent à *Huanacauti*, montagne située au sud de la ville actuelle, et lancèrent en ce lieu la baguette qui s'enfonça et disparut dans le sol. Manco-Cápac (c'était le nom du fils du soleil) dit alors à sa compagne, Colla-Mama, qui était à la fois sa sœur et sa femme : « C'est ici que notre père nous ordonne de nous arrêter. » De là vient que nous disons, en parlant de nos premiers rois, qu'ils sont sortis de la montagne Huanacauti. C'est en ce lieu que fut élevé le premier temple du soleil. Les peuples de cette contrée, voyant que Manco-Capac et sa compagne avaient des vêtements éclatants, les reconnurent pour

---

(1) Aurore *Paccarin* : Tampu est, proprement, une auberge ou un lieu de repos. Maison se dit *huaci*.   L. A.

les enfants du soleil. Ils leur apportèrent des vivres
en se prosternant devant eux et furent depuis leurs
sujets dévoués. La ville de Cuzco fut fondée en ce
lieu et divisée en deux quartiers : Haut et Bas-
Cuzco (1), quartier des sujets du roi et quartier des
sujets de la reine. Manco-Capac fut donc le premier
Inca. Il enseigna aux hommes l'art de cultiver la
terre, de fabriquer des instruments et des armes,
de tisser des étoffes et de faire le filet. Il fonda cent
bourgades aux environs de la capitale et agrandit ses
États par d'importantes conquêtes. Ces événements
ont précédé de plus de 400 ans l'arrivée des Espagnols (2). Balboa introduit quelques variantes dans
le récit de Garcilaso (3). Le P. Acosta dit que Manco-Capac n'était pas sorti lui-même de la caverne de
l'aurore, mais qu'il était issu des hommes qui en
étaient sortis (4). Garcia ajoute que, pour cette raison, *Pacarec-Tampu* ne signifie pas maison de l'aurore, mais bien *maison de la production* (5). Calancha
rapporte la même tradition que Garcilaso (6). Quant
à Montesinos, son récit diffère, comme nous l'avons

(1) *Hanan-Cozco*, Haut-Cuzco ; *Ura-Cozco*, Bas-Cuzco. On trouve
presque toujours dans les auteurs espagnols *Hurin* et *Huray :* cela
doit tenir d'abord à l'instabilité de l'orthographe espagnole et peut-
être aussi aux altérations de la langue qquichúa qui a subi une véritable transformation à l'époque de la conquête lorsqu'elle devint une
langue écrite.   L. A.

(2). Garcilaso, l. I, c. 15-18.

(3) P. 5.

(4) *Hist. de Indias*, l. I, c. 25.

(5) *Origen de los Indios*, l. V, c. 8.

(6) *Hist. del Perù*, l. I, c. 4.

dit, de celui des autres historiens. En voici l'analyse :

Les premiers qui pénétrèrent au Cuzco avaient à leur tête quatre frères et quatre sœurs. L'aîné des frères, étant parvenu sur le sommet d'une montagne, saisit sa fronde, et lança une pierre dans la direction de chacun des points cardinaux, déclarant par là qu'il entendait prendre possession de tous les pays situés aux quatre côtés de l'horizon pour lui et ses frères. Mais ces derniers s'imaginèrent que leur aîné n'avait agi ainsi que pour affecter une sorte de suprématie sur eux. Pirhua-Manco (1), le plus jeune et le plus rusé, lui persuada d'entrer dans une caverne et d'adresser ses prières au dieu Viracocha pour lui demander d'abondantes récoltes. Mais, à peine celui-ci y fut-il entré, que Pirhua en boucha l'entrée avec un rocher et l'enferma vivant dans son tombeau. Cela fait, il engagea le second à aller à sa recherche : il le conduisit sur le sommet d'une montagne très-escarpée et le précipita en bas. Il revint alors auprès du troisième, et lui assura que Viracocha avait changé leur second frère en rocher. Ayant aussitôt avisé une grosse pierre, il la fit rouler jusqu'au Cuzco où elle fut adorée comme une divinité. Le troisième frère, qui avait quelque sujet de suspecter sa bonne foi, jugea plus prudent de prendre

(1) On a beaucoup discuté sur l'origine du nom *Pérou* (en espagnol, Perú), que les Indiens prononcent *Pirou* (Piru) Ne pourrait-on pas trouver dans le nom de ce personnage une étymologie du nom du pays qu'il a civilisé? Il faudrait toutefois admettre que le Pérou, sous la domination inca, portât déjà le nom de *Piru*, ce qui est fort douteux. Mais cette origine vaut bien les autres.　　　　　L. A.

la fuite. Pirhua, resté seul, persuada aux femmes
de ses frères que celui d'entre eux qu'il n'avait pu
séduire avait été enlevé au ciel. Il construisit alors
la ville de Cuzco, s'en fit proclamer roi et se fit vé-
nérer comme fils du soleil. Montesinos ajoute que
Pirhua-Manco n'était point idolâtre, mais qu'il connaissait le vrai Dieu « *ainsi que son ancêtre Noé le lui
avait enseigné.* » Il place donc l'existence du fondateur de Cuzco longtemps après le déluge, mais plusieurs siècles avant J.-C. (1).

Après avoir fait connaître la longue suite des
successeurs de Pirhua-Manco, fils du soleil, Montesinos raconte que l'empire du Cuzco tomba dans
une effroyable anarchie ; les hommes, redevenus
barbares, s'adonnaient à l'idolâtrie et se livraient au
vice contre nature ; la corruption était générale ; les
femmes offensées du mépris qu'on avait pour elles,
révoltées de la dépravation de leurs époux et de
leurs frères, se réunissaient souvent pour pleurer
ensemble sur leur abandon et chercher les moyens
de porter remède aux maux qui désolaient l'empire. Une princesse du sang royal, nommée Mama-Cibaco, jouissait parmi ses compagnes d'une
grande autorité ; ses moindres paroles étaient res-
pectées comme des oracles. Déjà un grand nombre
d'hommes, ramenés dans la bonne voie, s'étaient
joints aux femmes et demandaient au ciel la fin des
maux qui désolaient le pays. A leur tête, était le fils
de Mama-Cibaco : c'était un jeune homme de vingt

(1) Montesinos, c. I, p. 1-9 Édit. Ternaux-Compans, Paris 1840.

ans appelé Roca. Ses compagnons l'avaient surnommé *Inca*, ce qui veut dire *Seigneur* (1), car il
exerçait sur eux le même charme que sa mère sur
les femmes qui l'entouraient. Il était d'une si grande
beauté que sa vue suffisait pour inspirer du respect
et de l'amour. Mama-Cibaco, ayant consulté une
de ses sœurs qui s'adonnait à la magie, résolut de
faire part à son fils du dessein qu'elle méditait depuis longtemps. Elle l'appela auprès d'elle, et, dans
un discours éloquent, elle s'appliqua d'abord à lui
mettre sous les yeux la félicité passée du Cuzco sous
ses anciens maîtres, puis après lui avoir rappelé les
causes qui avaient amené la ruine de la monarchie
et la désorganisation sociale qui en avait été la
suite, elle lui fit connaître la résolution qu'elle avait
prise de l'élever au rang de roi, ajoutant qu'elle
comptait sur son énergie et sur son courage pour
rétablir la ville et l'empire du Cuzco dans leur ancienne splendeur et restaurer la religion, la morale
et les institutions. Son fils, lui ayant donné l'assurance qu'il exposerait sa vie pour réussir dans une
entreprise aussi glorieuse, elle ne s'occupa plus que
d'en préparer le succès. Mama-Cibaco fit faire, dans
le plus grand secret, et avec le seul secours de la
magicienne, plusieurs plaques d'or très-brillantes
et très-minces et une tunique couverte de pierreries. Quand tout fut disposé pour l'entreprise, elle
revêtit son fils de ces ornements et le conduisit
mystérieusement dans la caverne de Chingana qui

(1) Le sens vulgaire du mot est *roi*.

domine le Cuzco et se trouve au-dessus de l'emplacement du temple du soleil, où l'on voit aujourd'hui
le couvent des Dominicains. Elle lui ordonna de de-
meurer trois jours et trois nuits dans cette caverne
et de faire ensuite une apparition, à l'heure de
midi, dans l'endroit d'où il pourrait être le mieux
aperçu du plus grand nombre. Pendant ces trois
jours, la mère et la tante de Roca répandirent partout le bruit que, pendant qu'il dormait devant sa
maison, le soleil l'avait enveloppé de ses rayons et
l'avait ravi au ciel. Elles ajoutaient qu'une voix
s'était alors fait entendre : c'était celle du Dieu lui-
même qui avait promis de rendre bientôt l'Inca à la
terre, disant que c'était son fils à lui et qu'il voulait
lui donner ses ordres. Les deux femmes firent appuyer leur récit par le témoignage de six personnes,
instruites d'avance de ce qu'elles devaient dire. Tout
le monde les crut et pendant les trois jours que Roca
passa dans la caverne de Chincana (1), on assiégea
la maison de Mama-Cibaco, chacun voulant s'infor-
mer de sa bouche même des circonstances de ce
merveilleux enlèvement. Le quatrième jour la mère
de Roca passa toute la matinée à faire des sacrifices
au soleil pour obtenir le retour du jeune Inca. Lorsque l'astre eut, à peu près, atteint son apogée, une
grande foule se pressa sur la place du Cuzco, de-

---

(1) *Chingana*, d'après la traduction de M. Ternaux-Compans;
voy. Montesinos, p. 130. Mais *chingana* signifie, en créole, *cabaret*,
mauvais lieux situés dans les quartiers retirés des villes et où les
gens du peuple vont faire la débauche. *Chincana* veut dire *retraite*,
lieu écarté, cachette.   L. A.

meurant silencieuse et recueillie comme dans l'attente de quelque grand événement. Tout à coup, les regards se tournèrent vers le lieu le plus élevé de la ville : l'Inca venait d'apparaître, la face rayonnante de fraîcheur et de beauté. Le soleil qui dardait alors ses rayons les plus vifs, donna aux plaques d'or et aux pierreries qui couvaient les habits de Roca un tel éclat que tous les yeux en furent éblouis. La nouvelle de l'apparition miraculeuse se répandit aussitôt dans tout le Cuzco et les peuples de la vallée vinrent de toutes parts contempler le fils du Dieu. Mais il se déroba bientôt à leur vue. La foule entoura Mama-Cibaco, que l'on s'empressa de reconnaître comme la véritable épouse du soleil. Elle ne sortit point du temple et fit secrètement prévenir son fils de faire deux jours après, une seconde apparition, aussi courte que la première. Inca-Roca se montra en effet, ainsi que sa mère le lui avait marqué, à la même heure et avec les mêmes habits que la première fois. Enfin, dans une troisième apparition, on vit le fils du soleil étendu sur un tapis magnifiquement brodé et sur lequel étaient figurés des oiseaux et d'autres animaux travaillés avec un goût et un art merveilleux. Il disparut presque aussitôt, comme les jours précédents, alors sa mère et la magicienne annoncèrent à la multitude, rassemblée sur la grande place, que Viracocha leur ordonnait d'aller chercher l'Inca-Roca, dans la caverne de Chincana où il s'était retiré et de le conduire au temple où il ferait part au peuple des volontés de son père le soleil. Les principaux de la ville, s'étant revêtus de leurs plus beaux habits, montèrent à la caverne, sur les traces de Mama-Cibaco. En gravissant la colline, celle-ci s'arrêta, fit une solennelle invocation au soleil et se prosterna en baisant la terre. Il était midi. La foule qui se pressait sur ses pas la suivit à Chincana et trouva l'Inca couché au-dessous d'une pierre. Sa mère l'appela de son nom, puis le tira doucement par ses vêtements. Il feignit de s'éveiller d'un profond sommeil, et, tournant ses regards du côté des assistants, il leur dit : « retournez au temple ; là, je vous instruirai des volontés de mon père le soleil. » Il se leva et tous le suivirent. L'inca monta sur un trône en or qui lui avait été préparé au milieu du temple, et annonça qu'il était envoyé par le soleil pour faire revivre les anciennes lois ; qu'ils eussent donc à se soumettre à ses ordres. Ces paroles, prononcées avec toute la majesté possible, et accompagnées de menaces, produisirent un grand effet sur l'assemblée. Roca, premier Inca, fut reconnu par les habitants du Cuzco et par les peuples voisins (1).

Telle est la poétique légende recueillie par Montesinos sur le premier Inca, auquel il attribue, comme on le voit, le rôle de régénérateur et de civilisateur que les autres historiens donnent à Manco-

(1) Peralta, dans son poëme intitulé *Lima fundada* (Lima, 1732, 2 vol. in-4°, chant II, octave xiv et xv), rapporte cette tradition ; mais il l'attribue à Manco-Capac. Voy. Montesinos, trad. de M. Ternaux-Compans, note 1 de la page 132.

Capac. Tous ces récits qui ne peuvent assurément
point passer pour véritables, ne sont pourtant pas
dénués d'intérêt. Les légendes que nous ont laissées
les chroniqueurs espagnols peuvent être comparées,
quant à leur valeur historique, à celles qu'Hérodote
nous a transmises sur l'ancienne Égypte. Les unes
et les autres sont dues au témoignage des prêtres,
dépositaires des traditions nationales dans ces deux
pays. L'étude attentive des monuments doit servir
de contrôle et de complément à ces témoignages ; et
l'on finira peut-être, sinon par faire l'histoire du
Pérou, comme on commence déjà à faire celle de
l'Égypte, du moins par avoir quelques notions certaines sur l'époque qui précède la conquête. Le
savant M. de Rougé a lu, il y a deux ans, à l'Académie des inscriptions et belles-lettres, un intéressant
résumé de l'histoire d'Égypte, refaite d'après les
monuments. Quoique ceux qu'on a trouvés au Pérou
ne nous présentent pas les mêmes ressources que les
hiéroglyphes égyptiens, peut-être ne doit-on pas
désespérer d'en tirer quelque lumière. Nous aurons
alors les deux mêmes éléments pour arriver à la
connaissance de la vérité : la tradition des prêtres et
les découvertes de l'archéologie. Les fictions poéti-
ques des légendes indigènes cachent d'ailleurs au
Pérou, comme dans tous les pays, un fond historique
et nous révèlent de curieux détails, tant sur les usages religieux, que sur les idées, les mœurs et le caractère des nations primitives.

Gonzalo Ximénès de Quesada, le premier qui

pénétra dans les montagnes de Cundinamarca en
Colombie, trouva, parmi les Indiens Muyscas, des
traditions qui présentent une curieuse conformité
avec celles du Pérou. Ces peuples ont eu aussi leur
Manco-Capac. Il rapporte que, dans les temps les
plus reculés, avant que la lune fût créée, les habitants du plateau de Bogota vivaient dans l'état de
barbarie, nus, sans lois, sans culture, lorsqu'un
vieillard, sorti des plaines situées à l'est de la Cordillère, vint dans leur pays. Il paraissait appartenir à
une race différente de celles des indigènes : sa barbe
était longue et touffue; il s'appelait Bochica. Son
premier soin fut d'enseigner aux hommes l'art de
construire des maisons, de se vêtir et de vivre en
société. Il avait avec lui une compagne appelée Huy-
taca, dont le caractère était difficile et qui contraria
son époux dans tout ce qu'il entreprit pour le bonheur de ses peuples. Elle fit enfler la rivière Funzha
dont les eaux couvrirent bientôt toute la vallée de
Bogota et fit périr un grand nombre d'habitants.
Bochica n'hésita pas à la chasser : elle fut condam-
née à éclairer la terre pendant la nuit. Ce fut la
lune. Après avoir fait retirer les eaux, il poursuivit
son œuvre civilisatrice; établit le culte du soleil,
institua des prêtres, divisa le pouvoir et créa un
chef séculier et un chef religieux, gouvernement
double qui rappelle assez fidèlement celui du Japon.
Les peuples de Colombie reconnaissaient, comme
les Égyptiens, deux principes suprêmes : celui du
bien, représenté par Bochica, fils du soleil, et celui

du mal. Après avoir achevé son ouvrage, Bochica
se retira dans la vallée sainte d'Iraca, où il vécut au
delà de deux mille ans dans les pratiques de la plus
austère piété. On doit être frappé également du
rapport qui existe entre le Bochica des Muyscas et
le Tsong-Kaba du Thibet (1). Le civilisateur de la
Colombie participe à la fois du réformateur du
bouddhisme et du premier inca du Pérou. Il nous
a paru remarquable de rencontrer ces traditions en
Colombie, sur la route même qu'auraient dû suivre les
peuples pour descendre dans le sud de l'Amérique.
Ces croyances des anciennes tribus Muyscas, encore
très-peu connues aujourd'hui, sont peut-être le trait
d'union entre les civilisations de l'Asie et celle du
Pérou.

Les Mexicains ont aussi leur Bochica : c'est Quetzalcoatl, homme blanc et barbu, qui donna des lois
aux anciens peuples d'Anahuac, leur enseigna les
arts utiles, les obligea à vivre en société et dont le
règne fut l'âge d'or de cette contrée.

Ainsi tous les peuples nous laissent voir, à l'origine de leur histoire, à travers les fictions dont ils
se plaisent à entourer leurs berceaux, des croyances,
des idées et des légendes qui présentent entre elles
une remarquable conformité.

---

(1) Voy. l'intéressant et curieux ouvrage de M. Huc : *Voyage au
Tibet*, qu'il ne faut lire toutefois qu'avec réserve en attendant que
son témoignage soit confirmé par d'autres.

III.

LES INCAS.

Notre intention n'est pas de faire une histoire dé-
taillée de tous les rois du Pérou. Nous renverrons,
pour l'étude des traditions recueillies sur les règnes
des incas, aux écrivains espagnols dont nous avons
déjà cité les ouvrages. Garcilaso nous a paru le plus
complet, et, nous le répétons, le plus digne de confiance. Peut-être Balboa doit-il être préféré à tous
les autres pour lui servir de contrôle. Tout ce qui
concerne les expéditions militaires des rois de Cuzco
est rapporté avec beaucoup de détail par Garcilaso. L'exactitude géographique de son récit semble
même en garantir l'authenticité.

Les historiens s'accordent assez sur les noms des
successeurs de Manco-Capac. La liste que chacun en
a faite est, à peu près, la même. Nous mettons ici,
sous les yeux de nos lecteurs, le tableau comparatif
des incas, seulement d'après les trois écrivains Garcilaso, Balboa et Montesinos. Balboa est le seul qui
ait fixé les dates des événements; mais ce renseigne-
ment est évidemment fort inexact, puisqu'on n'est
même pas d'accord sur le nom et l'existence de quelques-uns de ces rois.

SELON GARCILASO.	SELON BALBOA.		SELON MONTESINOS
1 Manco-Capac.	Manco-Capac, mort en	1006	Roca
2 Sinchi-Roca.	Sinchi-Roca,	— 1082.	Halloque Yupanqui.
3 Lloqué-Yupanqui.	Lloqui-Yupanqui,	— 1161.	May-Tacapaca.
4 Mayta-Capac.	Mayta-Capac,	— 1226.	Capac-Yupanqui.
5 Capac-Yupanqui.	Tapac-Yupanqui,	— 1306.	Sinchi-Roca
6 Roca.	Inca-Ruca,,	— 1356.	Guarguacac.
7 Yahuar-Huacac	Yagar-Huacac,	— 1386.	Huiracocha
8 Viracocha.	Viracocha,	— 1438	Topa-Yupanqui.
9 Pachacutec.	Inca-Yupanqui,	— 1471.	Huayna-Capac.
10 Yupanqui.	Topa-inca Pachacuti	— 1493.	Huascar.
11 Tupac-inca-Yupanqui	Guayna-Capac,	— 1525.	Atahualpa.
12 Huayna-Capac.	Huascar.		
13 Huascar.	Atahualpa.		
14 Atahualpa.			

On peut remarquer dans cette liste les noms *Sinchi-Roca* et *Viracocha*, qui ont une physionomie étrangère à l'Amérique. Celui de Viracocha nous paraît surtout rappeler une origine sanskrite. On verra dans la suite que c'est à la fois le nom d'un dieu, du dieu suprême, et le nom d'un inca. Mais Viracocha ne serait pas, comme il arrive souvent, un homme divinisé plus tard. Ce serait plutôt un homme ayant reçu le nom du dieu; quoi qu'il en soit, ce mot est assurément d'une origine étrangère, aussi bien que les traditions religieuses qu'il représente.

Montesinos attribue à Roca, qu'il considère comme le premier inca, une partie des exploits qui figurent sous le règne du Sinchi-Roca de Garcilaso; mais il mêle aux événements de ce règne des expéditions qui n'eurent lieu, d'après le témoignage des autres historiens, que sous les successeurs du second inca.

Il le considère, en outre, comme le fondateur d'un grand nombre d'institutions religieuses et sociales, qui doivent dater en effet des premiers rois du Cuzco, mais dont Garcilaso ne fait pas connaître l'origine.

I. *Sinchi-Roca*, 2ᵉ *inca*. Le fils aîné de Manco-Capac lui succéda : il fut le premier, dit Balboa, qui adopta, pour insigne de sa dignité, l'*aigrette* (1), que les Indiens appellent *masca-paycha* (2), et le

(1) Balboa, trad. de M. Ternaux-Compans, Paris 1840. — Le mot *bandeau* traduirait mieux le substantif espagnol *borla*, qui veut dire *gland* (ouvrage de passementerie). Par extension *borla* signifie *aigrette*, mais seulement pour désigner l'*aigrette des docteurs de Facultés*. Dans l'origine, cette aigrette était une simple *houppe* ou *gland* en soie placé au sommet de la coiffure du docteur et dont la couleur distinguait les différentes facultés. Ces glands acquirent successivement plus d'élévation à mesure que la mode s'évertuait à en faire un ornement, et prirent enfin un volume et des formes qui en firent une véritable *aigrette*. Mais, d'après les descriptions données par les auteurs du signe distinctif de la royauté chez les Péruviens, il résulte que la *borla* était une espèce de *galon* en laine, garni d'une *frange tombante*, le tout ayant quatre doigts de large environ et une dixaine de pouces de long. La *borla* s'appliquait sur le front, s'étendant d'une tempe à l'autre, représentant par conséquent bien plutôt un *bandeau* qu'une *aigrette*. Outre la *borla*, l'inca seul portait bien une espèce d'aigrette composée de deux plumes qui se plaçaient droites sur le front et étaient maintenues par la *borla*. L'ensemble de la coiffure se composait donc de deux parties : la *borla*, *écarlate* ou *jaune*, que portait le roi ou son héritier et qui est toujours désignée à part en spécifiant sa couleur ; et les plumes qui étaient blanches et noires et que l'inca régnant portait seul : on les désignait toujours à part de la *borla*, d'où je conclus que la véritable traduction de *borla colorada* est *bandeau écarlate*.

L. A.

(2) *Mazcca-Paycha* ou *Mazcca-Ppachha* : de *Mazcca*, signe, devise, et *Ppachha*, vêtement, ornement.

L. A.

manteau royal ou *capac-ongo* (1). Après avoir rendu les derniers devoirs à son père, en célébrant de splendides cérémonies, il épousa sa sœur, Mama-Caura. Si l'on en croit Garcilaso et Balboa, il s'en faut bien que Sinchi-Roca ait fait toutes les expéditions que lui attribue Montesinos. Il paraît, au contraire, avoir gouverné paisiblement le petit État que son père lui avait laissé et ne s'être guère occupé que d'établissements religieux. C'est à lui, sans doute, qu'il faut attribuer la division du pays en quatre parties qui répondent aux quatre points cardinaux : l'orient, *Anti-Suyu*, l'occident, *Cunti-Suyu*, le sud, *Colla-Suyu*, le nord, *Chincha-Suyu*. Ces quatre divisions comprennent les pays déjà soumis et ceux qui ne l'étaient pas encore : c'était la terre entière ; ainsi, le Chili était dans le *Colla-Suyu*, et Quito, dans le *Chincha-Suyu*. Montesinos semble avoir confondu les temps en plaçant sous son règne des événements qui ont dû être postérieurs. Il est peu conforme à la vraisemblance que les fondateurs des États et les premiers chefs des peuples cherchent à accroître leur empire par des conquêtes au lieu d'affermir leur autorité par des institutions. D'ordinaire, ils ne se servent des armes que pour se faire obéir ; ils mettent leurs soins à s'assurer des sujets, non à dompter des ennemis. Les Romains ont placé à l'origine de leur histoire ce double symbole : la Force et la Loi ; l'auto-

---

(1) *Kapac*, roi, royal, et *Uncu*, chemise courte en usage chez les Indiens. En sanskrit, *Kapâla*, chef. Ce mot se retrouve avec le même sens dans les principales langues océaniennes. L. A.

rité, établie d'abord par les armes sur un territoire restreint, affermie ensuite par les établissements religieux. Le premier des rois de Rome se fait craindre et adorer ; le second, respecter et bénir. Tout fondateur d'empire doit chercher à imposer à la foule par quelque action extraordinaire, mais jamais par des exploits lointains qui peuvent mettre en péril son pouvoir naissant. Créer un vaste empire n'est pas ce qui importe : c'est le respect et la confiance qu'il faut obtenir ; c'est par le respect que les gouvernements s'établissent ; c'est par le défaut de respect qu'ils périssent. Manco-Capac, ou le premier inca, de quelque nom qu'on veuille l'appeler, avait sans doute un royaume très-limité, mais il dut chercher à y asseoir son autorité d'une manière durable en frappant le peuple par des prodiges. Il eut l'art de se faire passer pour le fils du soleil : c'était une œuvre assez difficile et qu'il était de la prudence la plus vulgaire de ne pas compromettre par les chances d'une guerre lointaine. Son successeur dut absorber l'attention de ses sujets par la création d'institutions religieuses. Le premier a dû étonner les esprits ; le second, les occuper.

C'est sans doute un des premiers incas qui a établi les marques distinctives de l'autorité ; aussi n'est-ce peut-être pas sans raison que Montesinos attribue à Roca l'invention de la coutume bizarre qui consistait à se fendre les oreilles pour y suspendre de lourds anneaux d'or et d'argent, ce qui fit donner aux incas, et par extension à tous les Péruviens, le nom d'*Orejones*, par lequel les désignèrent d'abord les Espagnols. On voit quelques-uns de ces anneaux énormes au Musée des antiquités américaines du Louvre, fondé par le savant M. de Longpérier, qui a eu le rare mérite de réunir dans un très-petit espace un nombre de monuments curieux assez grand pour donner une idée des deux civilisations, mexicaine et péruvienne.

II. *Lloqqué-Yupanqui*, -3e *inca*. *Lloqqué* signifie gaucher, et *Yupanqui* est la seconde personne du futur du verbe raconter ; proprement : *tu raconteras* (les exploits). Ce surnom lui fut donné pour perpétuer le souvenir de ses hauts faits.

Après les fondateurs d'empire et les instituteurs des peuples, viennent les conquérants. Telle est la suite naturelle des événements qui préparent la grandeur des États. Le troisième inca, comme le Tullus Hostilius de Rome, dut être un prince guerrier; c'est ce que confirme la tradition. Il commença par visiter son royaume, puis il réunit une armée de 6 à 7,000 hommes, et fit trois grandes expéditions dont on peut lire le détail dans Garcilaso. Les conquêtes entreprises par les incas ont un caractère à la fois militaire et religieux. C'est une guerre de propagande, assez semblable à celles que firent les Arabes après la mort de Mahomet. Les peuples, vaincus par l'inca, ne se soumettaient pas seulement à ses lois, ils devaient encore le reconnaître comme fils du soleil. Quant à l'histoire intérieure de ce règne, elle se trouve racontée avec de curieuses circonstances dans

Herrera et Gomara. Le prince s'affligeait de n'avoir
pas d'héritier. Les *Amautas* (1), dépositaires des légendes nationales, racontent que le soleil lui apparut sous la forme humaine et lui promit de lui accorder un fils. Son frère s'étant occupé de lui chercher
une épouse, lui amena la fille d'un Curaca : elle
s'appelait Mama-Cava. Les noces furent célébrées
avec pompe au Cuzco et les nouveaux époux s'éta-
blirent à *Curicancha* (maison d'or du palais des Incas, au Cuzcó) (2). Ils eurent un fils qu'ils nommè-
rent Mayta-Capac. Dans ses premières années, le
jeune inca montra un caractère difficile, des instincts cruels et sanguinaires. Les fils des seigneurs
de Cuzco, qui étaient admis à ses jeux, avaient beaucoup à souffrir de ses brutalités. Souvent même ils
se retiraient estropiés. En se *divertissant* avec les
fils des Curacas d'Allcay-Villcas, le jeune prince les
blessa si grièvement que leurs pères en conçurent
une haine mortelle contre l'inca. Résolus de se ven-
ger et de faire périr Mayta-Capac, ils chargèrent de
l'entreprise dix Indiens qui se rendirent secrètement
au Cuzco avec des armes cachées sous leurs habits.
Quand ils arrivèrent à Curicancha, le jeune inca
jouait à la boule (*cuchu*) (3) avec ses cousins. Mayta-

(1) *Amauta*, sage, prudent, réservé. En sanskrit, *matimat* a le
même sens.　　　　　　　L. A.

(2) *Ccori*, or, et *Cancha*, cour, place. *Ccoricancha* ne peut faire
palais d'or que par extension : le palais de la *cour d'or*.　L. A.

(3) Je crains que ce mot, *cuchu*, ne soit pas le véritable nom de
ce jeu, en qquichua, et je serais tenté de le considérer comme une
corruption du mot espagnol *bocha* qui veut dire *boule*, quand il s'a-

Capac, soupçonnant leurs desseins, lança contre eux sa boule avec tant de force qu'il en tua deux : ceux-ci laissèrent voir, dans leur chute, les armes cachées sous leurs vêtements. On se mit à la poursuite des huit autres Indiens dont cinq furent tués. Le roi, averti de ce qui s'était passé, fit de sévères remontrances à son fils ; mais il lui confia cependant la mission de punir les Villcas. Tel fut le motif de la guerre contre ce peuple (1). Herrera dit que Mayta-Capac avait brisé, par passe-temps, la cruche d'une femme qui était venue puiser de l'eau à la fontaine et que la querelle s'était engagée à ce sujet (2). La conquête du pays des Villcas fut la conséquence de cet incident. Cette conquête, que Montesinos place sous le règne de Roca, aurait donc été accomplie, d'après les deux autres historiens, par Mayta-Capac, son père, Lloqqué-Yupanqui, étant roi du Cuzco. Garcilaso ne parle pas de cette guerre.

III. *Mayta-Capac*, 4e *inca*, épousa Mama-Cauca, ou, selon Montesinos, Mama-Tancariacha. Garcilaso attribue à ce prince plusieurs expéditions. L'une d'elles avait été dirigée vers Tyahuanaco où les Péruviens trouvèrent des monuments fort anciens. Nous les décrirons dans la cinquième partie de ce travail. Toute cette province fut soumise ainsi que

git du jeu de ce nom. *Bola* veut dire boule en général, mais la *bocha* est une bola pour jouer aux boules : *Juego de bochas.* Boule, en qquichua, se dit *cururumpa* ou *ccororumpa*.   L. A.

(1) Balboa, p. 21-27.

(2) Decad., V, l. iii, c. 8.

les contrées voisines du lac Titicaca. La ville de San-
cavan, appelée plus tard par les Espagnols Sanga-
van, fut prise. Très florissante pendant la période
qui suivit la conquête de Pizarre, elle a disparu depuis sans qu'il ait été possible, jusqu'à présent, d'en
retrouver même l'emplacement. L'inca fit faire, sur
le Desaguadero, un pont de *balsas*, espèce de ra-
deaux formés de joncs rassemblés en faisceaux et
attachés les uns aux autres de manière à former un
plancher flottant. Ces sortes de ponts sont toujours
en usage au Pérou, et celui dont parle Garcilaso est
encore entretenu aujourd'hui par le même procédé.
L'inca soumit encore d'autres contrées et s'avança
dans une de ses expéditions jusqu'à Arequepa (Arequipa).

Les autres historiens rapportent, contrairement
au récit de Garcilaso, que le règne de Mayta-Capac
fut assez pacifique. Balboa dit qu'il s'occupa beaucoup de la science augurale.

IV. *Capac-Yupanqui*, 5e *inca*. Quand le deuil fut
accompli, on célébra le couronnement du nouveau
roi avec une pompe extraordinaire. Ayant réuni
tous ses frères dans le Curicancha ou Ccoricancha,
il leur fit prêter un serment solennel de fidélité et
reçut de leurs mains les insignes de la royauté :
le *targo-qualca* (1) ou manteau royal, l'*aigrette*

(1) Je ne trouve nulle part la signification de *targo*, qui ne me
semble pas appartenir à la langue qquichua. De plus, *huallcca* veut
dire *collier*, et se prononce, assez généralement, *goualca*. Manteau
se dit *yaccolla* ou *yaccollca*; il y a donc une erreur ici dans la nature
ou bien dans le nom du vêtement ou de l'insigne dont il s'agit. L. A.

rouge, signe du commandement, les *oyotas* (1) ou
sandales et le *topayauri* ou sceptre (2). Il distribua

(1) *Usuta* ou *ussuta* dont les Espagnols ont fait *ojota*.   L. A.

(2) Balboa, traduction de M. Ternaux-Compans, p. 32. — De *tupa*
ou *tupac*, *royal*, en parlant de ce qui appartient ou sert à l'inca,
et, peut-être, de *ayri*, *hache*, car ce sceptre était une espèce de
masse d'armes sur l'un des côtés de laquelle se trouvait une hache :
c'était le sceptre de guerre. Mais, dans tous les cas, la véritable orthographe du mot est *tupayauri*. Le costume de l'inca se composait
des parties ou pièces suivantes : 1° sur la tête, le *bandeau écarlate*,
en espagnol, *borla encarnada*; en qquichua, *mazcca paycha*, et
les deux plumes (pennes, chacune d'une aile différente, se correspon-
dant l'une à l'autre) d'un oiseau appelé *corequonque*. Ces plumes
étaient marbrées de noir et de blanc; elles se plaçaient sur le front,
dans une position verticale, ainsi que nous l'avons dit plus haut. —
Une *plaque* ou *agrafe* en or appelée *tupacochor* (de *tupa*, royal,
et, peut-être, *cuchu*, coin, rebord); toutefois le *tupacochor* servait
à retenir le bandeau royal. L'ensemble de cette coiffure était assujetti
au moyen d'une espèce de tresse de laine rouge, grosse comme le doigt
et longue de six à sept pieds. Cette tresse s'appelait *llautu* ou *llautto*.
— Les *boucles d'oreilles*, plus exactement *oreillères*, en or, appelées
ccoripacorincri, espèce de cylindres très-bas, qui se plaçaient dans
l'ouverture des oreilles (de *ccori*, or, *pacu*, oreillère, et *rinri*, oreille).
— 2° Sur le corps, la *chemise*, *kapacuncu* ou *capacunco*, espèce de
vareuse sans manches, descendant jusqu'aux genoux, formée de deux
pièces d'étoffes carrées et de même grandeur, cousues ensemble par les
bords sur trois côtés. Dans la partie supérieure, était ménagée une ouverture pour passer la tête; deux autres ouvertures étaient pratiquées
sur les côtés pour les bras. Ce vêtement, qui n'est, à proprement parler,
qu'un sac inachevé, est en usage chez les Indiens de toute l'Amérique.
L'*uncu* de l'inca était fait de laine noire ou de laine de vigogne (couleur fauve) pour le deuil. — La *ceinture*, formée d'une bande d'or. —
Le *manteau*, *yacolla*, mot que Garcilaso écrit *yacolla* (l. IV, c. 11) et
que Balboa appelle *targogualca*, était de laine noire. Ce manteau n'est
autre chose que le vêtement appelé aujourd'hui *poncho*, composé encore à présent, comme il l'était du temps des incas, de deux lés d'é-
toffe de laine réunis dans leur longueur et laissant au milieu de la cou-
ture une ouverture suffisante pour y passer la tête. — Le *sac* pour la

ensuite aux nobles une grande quantité d'ornements
d'or, d'argent et de vêtements; enfin, il donna aux
personnes d'une moindre condition des lamas (1).
Garcilaso nous fait connaître en détail les conquêtes
de Capac-Yupanqui. Il rassembla d'abord une armée
de 20,000 hommes et soumit, dans une première
campagne, la nation des Aymaras, chez lesquels il
trouva de riches mines d'or, d'argent et de plomb.
Les Qquichuas furent vaincus par les généraux du
roi, et leur langue, adoptée par les vainqueurs, fut
parlée ensuite dans tout le Pérou. L'inca commanda
lui-même une autre expédition qui fut dirigée vers
la province de Paria. Tout le pays fut conquis jus-

coca, appelé *chuspa*, qui avait environ 10 pouces de haut sur autant
de large, et se portait suspendu sous le bras gauche au moyen d'une
tresse ou cordon passé sur l'épaule droite. — L'inca était chaussé
comme tous les Indiens; c'est-à-dire qu'il portait les *ussutas*, chaus-
sure faite d'un morceau de cuir cru, coupé de manière à dépasser de
trois doigts la plante du pied de tous les côtés. On pratique tout autour de ce morceau de cuir, une série de trous dans lesquels on fait
passer une lanière, également en cuir, que l'on fixe autour du pied qui
se trouve enveloppé ainsi comme dans une poche. Le cuir est employé
mouillé, et il sèche en prenant la forme du pied auquel il reste d'ailleurs maintenu par la courroie de cuir ou le cordon de laine qu'on
substitue à cette dernière lorsque le cuir est sec. — Enfin le sceptre
de l'inca, *tupayauri*, était, selon toute probabilité, le *champi*, ou
masse d'armes, dont les princes du sang étaient armés, comme signe
distinctif de leur rang, lorsqu'ils étaient parvenus à un certain âge. Ces
champi portaient sur l'un des côtés une hache, et c'est sans doute de
là que le *champi* royal, qui était fait comme celui des princes du sang,
aura pris le nom de *tupac-apri*, hache royale, d'où l'on aura fait *tupayauri*. Cette dernière conclusion est un peu hasardée; mais, ce qui
est certain, c'est que le sceptre de l'inca était une masse d'armes portant une hache.   L. A.

(1) Montesinos, p. 157 158.

qu'à Chuquisaca. La domination de Capac-Yupanqui s'étendit alors sur une partie de la Bolivie,
comprenant les provinces de la Paz, d'Oruro et de
Cochabamba. Dans une quatrième campagne, l'inca
envoya son fils Roca vers le nord. Celui-ci traversa
sur des *balsas* l'Apurimac (1), s'empara de plusieurs
provinces et descendit vers la mer en s'avançant vers
Arequipa. Les Indiens des provinces nouvellement
conquises furent transportés de leur pays dans la
Cordillère pour peupler l'intérieur de l'empire. On
donna à ces colons le nom générique de Mitimaës.
Balboa parle seulement, sous ce règne; d'une expédition des fils du roi contre les *Suyos*, peuple qui
occupait les sommets presque inaccessibles des Andes. D'après le même historien, l'inca avait épousé
Curi-Illpay, jeune fille de Cuzco. Garcilaso affirme,
au contraire, que les incas épousaient toujours leur
sœur aînée.

V. *Roca*, 6e *inca*, ayant ceint le bandeau royal,
visita son royaume et fit de grandes conquêtes, d'a-
bord vers le nord. Il soumit la contrée appelée
Antahuaylla (aujourd'hui *Andahuaylas*), dans laquelle il trouva une peuplade nommée les *Chancas*
qui se vantaient de descendre d'un lion et adoraient

---

(1) Nom que porte la *Rivière des Amazones* jusqu'à l'endroit où
elle débouche des Cordillères pour entrer dans la plaine. Du reste, on
a beaucoup discuté pour savoir lequel de tous les affluents, qui forment
la rivière des Amazones, devait être considéré comme la branche
mère; mais le fait est que l'*Apurimac* est celui qui prend sa source le
plus loin de l'embouchure du fleuve, et, par conséquent, a le plus long
cours.   L. A.

ces animaux comme des dieux. Longtemps après la conquête espagnole, ces tribus indiennes avaient conservé, après leur conversion au christianisme, certains usages qui rappelaient cet ancien culte. Dans les processions catholiques, par exemple, ils paraissaient revêtus de peaux de lion. Rien n'est plus répandu, en Amérique, que ces anciennes formes empruntées à une religion disparue. Des scènes de magie, assez semblables à celles qui étaient usitées en Grèce et à Rome, s'accomplissent encore chez les nations du Pérou et de l'Amérique centrale. Dans les villages des environs de Guatemala, les habitants sortent mystérieusement de la ville, pendant la nuit, à la veille de certaines grandes fêtes, et se rendent à une montagne voisine où ils accomplissent des cérémonies étranges, reste des antiques superstitions (1). Ces souvenirs d'un culte aboli, qui se sont conservés à travers les siècles, sont assez mal connus, car il n'est pas sans danger pour les Européens de chercher à pénétrer le mystère dont les Indiens aiment à entourer leurs cérémonies. Nous reviendrons sur cet intéressant sujet qui, d'ailleurs, n'est nullement particulier aux peuples d'Amérique. On sait que, durant les premiers siècles, le christianisme combattit souvent en vain les formes païennes qui survivaient à la religion éteinte, et que, ne pou-

_____

(1) J'ai observé ce fait dans le village de *San-Cristoval Palin*, qui est au pied du volcan d'eau, à 10 lieues de Guatemala. Dans d'autres endroits, les Indiens se cachent, tantôt dans des bois, tantôt dans des ravins, ou bien ils se retirent sur le sommet des montagnes pour se livrer à ce culte mystérieux.   L. A.

vant déraciner complétement ces vieilles pratiques
populaires, il finit par les sanctifier en les adoptant.

Dans la même expédition, l'inca soumit encore
d'autres peuplades qui prétendaient être issues des
fontaines, des montagnes, des fleuves et des lacs, et
adoraient les éléments comme pères et comme dieux.
Ils prétendaient que leurs ancêtres étaient arrivés
dans ce pays par le nord et qu'ils en avaient fait la
conquête sur les Qquichuas refoulés vers le sud.
Parmi les tribus auxquelles l'inca imposa ses lois, il
faut citer les *Chancas* de *Villca* qui sacrifiaient des
enfants à leurs divinités. On trouve aujourd'hui,
dans toute cette contrée, des pierres grossièrement
taillées et présentant des sinuosités en forme de rigoles terminées par de petits réservoirs. Cette disposition ne laisse guère de doute sur la destination de
ces monuments. M. Angrand en a dessiné plusieurs
dont nous parlerons plus bas. Nous constatons seulement, quant à présent, que la tradition recueillie
par Garcilaso se trouve confirmée sur ce point par
l'archéologie. L'inca descendit ensuite vers la mer
et revint au Cuzco en suivant la côte. Son fils,
Yahuar-Huacac, fut chargé d'une expédition dans
l'Anti-Suyu. L'empire ne s'étendait pas, dans cette
direction, au delà de Paucar-Tambo. Le nom du
jeune inca signifie *Pleure-Sang*, et l'on racontait
qu'il lui avait été donné parce qu'on l'avait vu, en
effet, pendant sa jeunesse, verser des larmes de
sang (1). Balboa rapporte cette légende avec plus de

(1) Garsilaso, *Commentarios reales*, l. IV, c. 16.

détail que Garcilaso. Il dit que l'enfant royal avait
été enlevé dans son berceau par dés chefs révoltés
qui avaient pénétré jusqu'au Cuzco ; mais pendant
qu'ils célébraient leur victoire dans une orgie, on vit
le jeune prince pleurer du sang. Effrayés de ce prodige, les rebelles s'empressèrent de rapporter l'enfant royal à son père auquel ils firent leur soumission. Étant parvenu à l'âge d'homme, on lui confia
le commandement d'une armée et, dans sa première
expédition, il ajouta de nouvelles provinces au
royaume, parcourut en vainqueur les pays de Ha-
visca et de Tunu où furent établies les premières
cultures de *coca* dont l'usage, réservé alors aux incas, est devenue depuis si général en Amérique (1)..

(1). La *cuca*, en espagnol *coca*, par corruption, est une plante on
arbuste qui ressemble à l'arbre à thé, ou plutôt à l'arbousier. Les
feuilles qui ont un pouce ou un pouce et demi de longueur, sont
presque ovales. Le dessus est d'un vert brillant et elles sont blanchâ-
tres en dessous. L'art de les préparer consiste à les faire sécher sans
qu'elles se contractent ni qu'elles perdent leur couleur. La saveur de
la *coca naturelle* est faiblement aromatique ; le goût en est amer et
ressemble à celui de l'herbe ou de la feuille des graminées de nos
champs. Ce n'est que le mélange de la *llipta* (en qquichua, *llipita*) qui
donne à la *coca* l'âcreté qui plaît tant aux Indiens. Ce mélange se fait
dans la bouche et chaque fois que l'on renouvelle les feuilles : alors
on en prend un certain nombre (de dix à vingt) que l'on roule dans la
main de manière à en faire une espèce de boule après avoir déposé au
centre une certaine quantité de *llipta* préparée sous la forme de pou-
dre ou de pâte. Le mélange se fait par la mastication, ou plutôt par
la pression de la langue contre le palais (car les dents ne doivent pas
briser la feuille) ; c'est alors que la salive extrait des feuilles un suc
rougeâtre, âcre et très-odorant ; car on ne peut pas appeler arôme
l'odeur d'herbe qui se dégage de cette matière. Cette altération des
propriétés primitives de la *coca* est due a la potasse que contient la

Les habitants de cette contrée adoraient les couleuvres qu'ils appelaient *amaru*. Il est curieux que ce soit de ce pays que sortit plus tard le fameux Tupaç-Amaru qüi figura à la tête d'une insurrection reli-

llipta et qui en est le seul principe actif (ou à la chaux, suivant l'espèce de *llipta*). Quant à cette dernière substance, elle se fait de différentes manières, selon les localités; mais le fond de la composition est toujours des plantes brûlées, dont le charbon, encore incandescent, est éteint avec de l'eau salée ou étouffé dans un vase clos. Dans d'autres localités, la *llipta* n'est, à proprement parler, que de la chaux obtenue de certaines pierres, ou même de coquilles, c'est surtout cette espèce de *llipta* qui est employée sous forme de pâte. Il n'est rien moins que prouvé que les Indiens fissent usage de la *llipta* avant la conquête, quoique j'aie moi-même cru reconnaître certains vases, trouvés dans des tombeaux, pour des *pots à llipta*. Les Indiens de l'intérieur font peu usage de la *llipta*, et, dans beaucoup de contrées de l'Amérique méridionale, elle est même entièrement inconnue. L'utilité de la *coca*, comme substance alimentaire, peut être mise en doute. En effet, ce n'est pas un aliment dans le sens absolu du mot; mais elle est *une occupation* pour les nerfs par ses qualités aromatiques, et pour l'estomac par la quantité de salive qu'elle y fait affluer, car *on avale* la salive imprégnée du suc de la *coca*. Le fait est que les Indiens peuvent supporter, en voyage même, une abstinence absolue de trente-six à quarante-huit heures, pourvu qu'ils aient constamment de la *coca* dans la bouche. Avec une quantité très-minime d'aliments, tels que maïs ou farine d'orge grillés, représentant le quart (ou même moins) de leur ration ordinaire, les Indiens supportent, sans souffrir de la faim et sans ressentir aucune faiblesse physique, les fatigues d'un voyage de dix à quinze jours, en parcourant 15 et 20 lieues en vingt-quatre heures. L'habitude peut être pour beaucoup dans cette espèce de résignation de l'estomac; mais ce qui est certain, c'est que ceux mêmes qui ne font pas un usage habituel de la *coca* éprouvent un grand soulagement à en mâcher ou, plutôt, à en sucer quand ils se trouvent privés de nourriture pendant les voyages dans les Cordillères, si pénibles sous ce rapport. La *coca* peut donc être appelée un trompe-la-faim; mais il est réellement efficace, et c'est le seul que je connaisse qui réussisse parfaitement. L. A.

gieuse et nationale dont le but était de renverser la domination espagnole au Pérou.

L'empire des incas avait, sous le règne du 6e inca, 100 lieues de large sur une étendue de 200 lieues du nord au sud. Dans une nouvelle expédition, dirigée vers le Colla-Suyu, l'Inca pénétra jusqu'à Chiquisaca et soumit les *Charcas* (1) dont le nom désigne, non une peuplade isolée, mais un composé de différentes tribus, ayant toutes leur langue propre. La femme de Roca s'appelait Mama-Micay.

VI. *Yahuar-Huacac*, 7e inca. Tous les historiens s'accordent à dire que la vie de cet inca fut très-pacifique. Ce fut son frère, Apu-Mayta, qui fit la seule expédition importante de ce règne. Il soumit toute la côte entre Arequipa et Tacama (aujourd'hui *San-Francisco de Atacama*, dont le port est *Cobija*). L'inca épousa Mama-Chicuya (Balboa) et en eut plusieurs enfants. Le caractère indomptable de son fils aîné lui donna bientôt de vives inquiétudes, et, ayant résolu de l'éloigner, il l'envoya à Chita, dans une de ses campagnes, où il le fit élever par des pasteurs. Le jeune prince y était déjà depuis plusieurs années lorsqu'il revint un jour au Cuzco sans la permission de son père. Il insista pour le voir et lui parler, disant qu'il y allait du salut de sa personne et de son empire. L'inca, souffrant impatiemment la désobéissance de son fils, ne voulut point consentir à le voir et lui ordonna de retourner à Chita; mais

---

(1) *Charca*, nom de la province; *Charcas*, nom des habitants pris en masse, sans distinction de tribus.   L. A.

le jeune homme renouvela ses instances d'une manière si pressante que la curiosité du roi fut piquée :
il l'admit donc en sa présence et consentit à l'entendre. Celui-ci raconta alors à son père que, se
trouvant couché, vers le milieu du jour, et reposant
dans cette sorte de demi-sommeil où les rêves ressemblent à la réalité, il eut une vision qu'il ne pouvait s'empêcher de regarder comme une révélation
céleste tant les images en étaient nettes et frappantes.
Il avait vu distinctement un homme blanc et barbu,
couvert d'une longue robe flottante. Ce spectre, élevant la voix, lui avait dit : « Je suis fils du Soleil et
frère de Manco-Capac. Je m'appelle Viracocha et je
suis envoyé par mon père pour donner avis au Roi
que toutes les provinces du Chincha-Suyu se sont
révoltées et qu'elles ont mis sur pied une armée considérable dans le but de détruire le Cuzco. Que l'inca
se tienne donc préparé : je serai toujours à son secours et je le défendrai, lui et ses États. » Yahuar-
Huacac ne voulut point ajouter foi au rapport de
son fils et il le renvoya à Chita. Les parents de l'inca,
qui avaient assisté à l'entretien, le supplièrent de ne
pas mépriser cet avis ; mais ce fut en vain ; ils ne purent rien gagner sur lui.

Cependant, trois mois après le songe du jeune inca, qu'à partir de ce moment on surnomma Viracocha, la nouvelle du soulèvement des provinces du
Chincha-Suyu parvint au Cuzco. L'ennemi s'étant
rendu maître de tous les chemins, on ne recueillait
que des bruits vagues de ce grand événement. Mais

on sut bientôt que tout le nord était en état de rébellion et qu'une armée de 40,000 hommes marchait
en bon ordre sur la capitale. L'inca ne sut quel parti
prendre: Il sentit alors combien il avait eu tort de
ne pas tenir compte de l'avertissement que le Soleil
lui avait envoyé par la bouche de son fils. Pris au dé-
pourvu, n'ayant pas le loisir de faire des préparatifs
de défense et incapable de prendre une grande résolution, il se décida à fuir et abandonna le Cuzco
pour se retirer dans la vallée de Muyna (aujourd'hui
Angostura), à cinq lieues de là. La terreur fut générale dans la ville ; tous songèrent à suivre l'exemple
de l'inca ; mais quelques-uns des fuyards rencon-
trèrent le jeune Viracocha qui était accouru avec les
bergers de Chita. Le prince, plein de confiance dans
la promesse du dieu et dans ses propres forces, ra-
nime le courage des fugitifs, leur fait partager sa
mâle assurance, les intéresse à sa cause qui est celle de
la patrie, et se rend en toute hâte à Muyna. Couvert
de sueur et de poussière il se précipite devant son
père, la lance au poing, et le supplie de revenir au
Cuzco pour défendre son empire menacé d'une ruine
imminente ; mais il ne peut tirer aucune résolution
énergique de ce roi pusillanime. Il revient alors sur
ses pas et se prépare à la résistance. De retour au
Cuzco, il relève tous les cœurs par son exemple et
ses discours ; son activité suffit à tout. Étant parvenu
à réunir 8,000 hommes déterminés, il va attendre
l'ennemi dans la plaine qui est au nord de la ville.
Une armée de 20,000 hommes vient à son secours

du côté du Conti-Suyu. C'étaient les Qquichuas qui,
en haine des Chancas, n'avaient pas hésité à s'ar-
mer pour la sainte cause du Soleil. Presque en même
temps on apporte à Viracocha la nouvelle que les
ennemis venaient de traverser l'Apurimac. Il leur
promet leur grâce, s'ils veulent se soumettre ; mais
ils n'écoutent rien et la rencontre a lieu ; le carnage
fut effroyable. Le Soleil, pour marquer au jeune inca
sa protection par un prodige éclatant, suscita, pendant la chaleur de l'action, de nombreux auxiliaires
aux défenseurs du Cuzco. Les pierres s'animèrent et
furent transformées en guerriers. Les rebelles cédè-
rent enfin à la valeur de Viracocha, et reconnurent
à des signes certains la puissante intervention du
dieu. Ils se soumirent, promirent obéissance et re-
tournèrent dans leur pays. Le champ de la bataille
fut appelé *Yahuar-Pampa*, *champ du sang*, nom
qu'il porte encore aujourd'hui. Ce fut alors que le
jeûne inca qui, par nécessité, s'était arrogé la puissance souveraine, apprit la mort de son père.

VII. *Viracocha*, 8e *inca*, reconnu universellement comme roi, déclara à ses peuples que ce n'é-
tait pas seulement ses soldats qui avaient vaincu
l'ennemi, mais que c'étaient surtout les hommes barbus que le Soleil avait fait sortir des pierres de là
vallée pendant l'action et qui avaient disparu aussitôt après pour reprendre leur forme première. Il
ajouta que ces pierres seraient faciles à reconnaître
et qu'il convenait de les honorer d'un culte particulier. C'est de là que vient, en partie du moins, le

respect des Péruviens pour les pierres. Cette espèce d'idolâtrie à laquelle sont mêlés, comme on le voit, des souvenirs patriotiques, survécut à la conquête et même à la conversion des Indiens au christianisme. Il en reste même aujourd'hui quelques traces. Les indigènes sont encore dans l'usage, lorsqu'ils gravissent une côte, de se charger d'une pierre qu'ils déposent au sommet de la montée. La tradition que nous avons rapportée sur l'origine de ce singulier culte est attestée par le P. Jeronimo (1) et par le P. Acosta. Quand les Indiens allaient à la guerre, ils emportaient quelques-unes de ces pierres sacrées appelées *Pururaucas* (2). Quant à l'apparition du spectre barbu à Viracocha, on a voulu y voir une sorte de prophétie de l'arrivée des Espagnols. Ce qui est assuré, c'est que les Européens ont été considérés d'abord, au Pérou et au Mexique, comme les envoyés du Soleil et des incarnations du dieu. Quetzalcohuatl, après avoir gouverné le Mexique, avait disparu, promettant à ses fidèles sujets de revenir un jour. L'infortuné Montézuma crut reconnaître

(1) République des Indes, l. II.

(2) Ou mieux *ppururaucca*, pierres que les assiégés lançaient du haut des murailles sur les assiégeants ; on choisissait en général des pierres roulées par les torrents comme étant plus maniables que les autres à cause de leur forme arrondie. Toutes les forteresses étaient abondamment fournies, à l'avance, de ces projectiles. — Je crois que les pierres déposées à la cime des montagnes s'appelaient *apachectas* (Garcilaso, *Commentarios reales*, l. I, c. IV). Les créoles du Pérou appellent aujourd'hui les montées *pachetas*, par corruption d'orthographe et par altération de sens du mot indien *apachecta* (ancien), *apachila* (moderne).

L. A.

les envoyés du dieu dans les soldats de Cortez. « Nous avons toujours cru, dit le roi de Mexico au général espagnol, que les descendants du chef qui condui- sit ici nos ancêtres viendraient un jour prendre pos- session de ce pays. Considérant que vous venez de ce côté de l'horizon où naît le Soleil et que, comme vous nous l'assurez, vous nous connaissez depuis long- temps, je ne puis douter que le roi qui vous envoie ne soit notre chef naturel (1). » La même croyance était répandue dans tout le Pérou. Le peuple et les incas eux-mêmes regardèrent les compagnons de Pi- zarre comme les envoyés et les fils du grand Vira- cocha. Cette croyance explique peut-être la facilité avec laquelle une poignée d'aventuriers soumit un peuple fier et aguerri. Il est remarquable que les cruautés exercées par les vainqueurs sur les indigè- nes n'aient pas même suffi pour arracher de leur cœur le respect religieux et la superstitieuse soumission qu'ils croient devoir aux fils du Soleil, « aux hommes barbus, armés de la foudre. » Ils appellent encore aujourd'hui les Européens du nom de Viracocha et les domestiques indiens viennent chaque soir fléchir le genou aux pieds de l'homme de race blanche en prononçant avec gravité ces paroles : « Bénissez-nous au nom de la sainte Trinité, ô grand Viracocha (2)! »

(1) Lettres de F. Cortez, I, § 21 et 29.

(2) Il faut dire que, depuis quelques années, les Européens nouvel- lement arrivés dans le pays se sont tellement moqués de cet usage, que les gens du pays sont devenus presque honteux d'accepter cet hommage, et que les Indiens se sont empressés, à leur tour, de le leur refuser. Ce n'est pas une des moindres fautes que les voya-

Quelques historiens prétendent que ce ne fut que longtemps après la victoire de Viracocha sur les Chancas rebelles que mourut Yahuar-Huacac dans la vallée de Muyna. Mais il aurait cessé de régner sur le Cuzco. Quelques-uns, ajoutent qu'une autre maison royale se serait établie à Muyna. On voit dans cette étroite vallée de magnifiques ruines. Balboa attribue l'espèce d'usurpation que nous avons rapportée, non à Viracocha, mais à son successeur. Ainsi Viracocha en aurait été la victime et non l'auteur (2).

L'inca, voulant honorer son père le Soleil et rendre impérissable le souvenir de l'apparition qu'il avait eue à Chita, fit élever, en ce lieu même, un temple dont la forme rappelait celle du rocher sous lequel il était couché lorsque le fantôme lui était apparu. Ce temple avait 120 pieds de long. Viracocha fit ensuite de grandes expéditions. Balboa, sans mentionner les événements que nous avons rapportés plus haut d'après Garcilaso, parle de grandes invasions qui auraient eu lieu sous le règne de cet inca. Son fils Yupanqui avait pris à son service un ouvrier de la grande nation des Chancas. C'étaient les Curacas de ce pays qui lui avaient procuré cet artisan, réputé fort habile dans la fabrication des

geurs européens auront fait faire aux créoles qui se repentiront un jour d'avoir ainsi renoncé à ce dernier reste de puissance morale, qu'ils exerçaient à si peu de frais sur les naturels; mais il faut marcher avec son siècle et respecter partout les *droits de l'homme*, dût-on être écrasé par eux sans profit pour personne.   L. A.

(1) Balboa, p. 45-47.

vases dont les incas se servaient pour renfermer la
llipta. Un jour, cet ouvrier s'étant enivré, s'oublia
au point de frapper le jeune prince à la tête avec
un de ces vases; pris aussitôt, mis à la torture, le
potier accusa faussement les Curacas de complicité,
et confessa qu'il était l'instrument de leurs perfides
complots contre la vie du jeune inca. Celui-ci, transporté de colère, fit invasion dans le pays des Chancas, et ne procéda que par d'horribles massacres. Le
même historien ajoute qu'après la victoire, Yupanqui fit égorger, dans un sacrifice solennel, un grand
nombre d'enfants. Ce n'est pas le seul exemple qu'on
trouve dans les historiens de sacrifices humains
faits par les incas. Il est vrai que Garcilaso nie for-
mellement que ce culte barbare ait jamais existé
sous leur domination; mais, sur ce point, peut-
être ne faudrait-il pas ajouter beaucoup de foi au
témoignage de l'écrivain péruvien que l'on accuse
avec raison de partialité en faveur de sa royale famille. Il est certain, toutefois, que les Espagnols
ne trouvèrent dans ce pays aucune trace récente de
cet usage, si répandu au Mexique sous la dynastie
aztèque dont Montezuma fut le dernier roi (1).
N'ayant été témoins d'aucun fait de cette nature,

(1) Il faut ajouter que ces pratiques sanguinaires commençaient à
s'affaiblir, même au Mexique, lors de l'arrivée des Espagnols. Les petites statues en terre trouvées en si grand nombre au pied des téocallis, ou temples pyramidaux, et dont on peut voir de nombreux échan-
tillons au *Musée des antiquités américaines* du Louvre, prouvent
qu'à l'époque de la conquête, on commençait à substituer les sacrifices
en effigie aux immolations humaines des anciens temps.   E. D.

ils n'ont pu consigner, à cet égard, que de vagues
traditions. Nous ne doutons pas, toutefois que ces
sortes de sacrifices n'aient été longtemps usités dans
cette contrée comme l'attestent les monuments dont
nous venons de parler; mais nous croyons, avec
M. Angrand, que ces monuments sont antérieurs à
l'époque des incas.

Montesinos place sous le règne de Sinchi-Roca
des événements qui présentent quelque conformité
avec ceux que Garcilaso comprend sous le règne de
Viracocha et il attribue à ce dernier roi des conquêtes
qui n'auraient été accomplies que sous ses deux successeurs, Pachacuti et Yupanqui (d'après Garcilaso). Il n'est pas facile de dire de quel côté est l'erreur. Elle procède peut-être de ce que Viracocha-
inca est aussi nommé Yupanqui, ce qui fait que
Montesinos aura, sans doute, réuni les événements
de deux règnes en un seul. Il ne place en effet rien
d'important sous le règne de Yupanqui et il fait de
Viracocha un véritable Alexandre : c'est lui qui aurait conquis Quito, serait revenu par Guayaquil (1),
aurait passé dans l'île Punah, et, le premier, aurait
soumis les Chimos, les Canaris et les Chonos; Montesinos parle enfin d'un certain voyage que Viraco-

(1) Il paraît à peu près prouvé, en effet, que la partie de la République actuelle de l'Équateur, où se trouve Guayaquil, n'aurait été soumise par les Péruviens qu'après la prise de Quito, qui se trouve cependant à 80 lieues au nord de Guayaquil. Mais l'armée des incas avait
pénétré dans l'intérieur en quittant la province des *Chachapuyas*, afin
d'éviter le passage des rivières. Ils laissaient ainsi Guayaquil fort loin
sur leur gauche.   L. A.

cha aurait fait au Chili où régnaient ses neveux (1).

Balboa nous donne en détail le récit de ces mêmes
expéditions; mais il les place sous le règne de Yupanqui dont il fait le successeur immédiat de Viracocha. Il ne se trouve pas d'accord, en cela, avec
Garcilaso qui intercale Pachacuti entre ces deux
Incas. Il est vrai que le règne de Pachacuti fut
presque entièrement rempli par les exploits de son
frère Capac-Yupanqui : c'est ce qui explique sans
doute l'omission, faite par les autres historiens, du
règne de Pachacuti. D'après le P. Acosta, Viracocha
se serait appelé aussi Pachacuti ; mais ce ne serait
pas une raison pour taxer Garcilaso d'erreur et pour
supposer qu'il a partagé en deux règnes les événements qui auraient dû s'accomplir en un seul; car il
connaissait le surnom de Pachacuti donné à Viracocha et il cite même le passage du P. Acosta. De
plus, il raconte que lui-même, avant son départ pour
l'Espagne, étant allé visiter, au Cuzco, le licencié
Paulo Ondegardo, il avait vu, réunis dans une salle,
les corps des cinq derniers incas, embaumés, revêtus de leur costume, le front ceint du bandeau royal
et les mains croisées sur la poitrine. Parmi eux, se
trouvait Pachacuti. C'est donc encore au récit de
Garcilaso que nous donnerons la préférence et nous
croyons que ce sont plutôt les autres historiens qui
ont commis l'erreur. Elle s'expliquerait d'ailleurs
tout naturellement; le règne de Pachacuti étant rempli par les exploits de son frère qui s'appelait Yupan-

(1) Montesinos, p. 177-210.

qui comme le fils et successeur du roi, ils auront fait un seul règne des deux et un seul homme de l'oncle et du neveu.

Viracocha, avant de mourir, annonça qu'il arriverait au Pérou une race d'hommes barbus et tels qu'on n'en aurait jamais vu ; qu'ils tireraient les Indiens de leur ignorance et renouvelleraient la face du pays. Cette tradition, qui peut avoir un fond de vérité, se retrouve dans presque tous les auteurs espagnols ; mais on croit qu'elle aura été inventée par les Indiens après la conquête. Montesinos place aussi cette prédiction sous le règne de Viracocha ; seulement il la met dans la bouche des prêtres. Ceux-ci annoncent aux Péruviens que « des hommes blancs, barbus et très-cruels viendront d'un pays très-éloigné et s'empareront de tous leurs États (1). »

Viracocha avait épousé Mama-Rundu-Coya (2) et en avait eu plusieurs enfants dont l'aîné est Titu-Manco-Capac qu'il surnomma *Pachacutec*, c'est-à-dire, *qui change le monde* (Garcilaso). Le même historien ajoute que Viracocha eut sa statue placée dans le temple du Cuzco au-dessus de celles du Soleil, du tonnerre et des autres idoles. Il fut considéré comme seigneur universel et créateur du monde. L'historien confond évidemment ici l'inca Viracocha avec la divinité dont il avait pris le nom.

VIII. *Pachacutec*, 9ᵉ *inca*. — Nous n'avons à mentionner sous le règne de cet inca que les exploits

(1) Montesinos, p. 210.
(2) Balboa, p. 41, Montesinos, p. 212.

de son frère Yupanqui. Ce dernier s'empara de la
province de Sausa (aujourd'hui Xauja ou Jauja) qui
est à 30 lieues à l'est de Lima. Elle était habitée par
les Huancas. Après avoir fait d'autres conquêtes, il
revint au Cuzco. Ayant entrepris une seconde campagne dans le même pays et soumis, entre autres provinces, celle de *Piscopampa* (voisine de Lima) et de
Cunchucu (aujourd'hui pays des Conchucos), il se
dirigea vers les contrées équatoriales et rangea sous
les lois de l'inca Casamarca (aujourd'hui Caxamarca) et Chincha (au sud de Truxillo). Il attaqua
la forte peuplade des *Yungas* ou mieux *Yuncas* (1)
qui adoraient le grand *Pachacamac* longtemps avant
la conquête des incas. Garcilaso, trompé, peut-être,
ici par le récit de ses oncles, dit que, primitivement,
le culte de cette divinité avait été introduit chez les
habitants de cette contrée par les premiers rois conquérants du Cuzco : il n'y a nulle apparence; tout
porte à croire, au contraire, que c'était alors le seul

---

(1) Les peuples qui habitaient la vallée de Lurin ou de Pachacamac
étaient les *Yuncas*, ou plutôt une nation d'*Yuncas*. *Yunca*, en qquichua, veut dire vallée ou plaine : par extension, les côtes maritimes,
qui sont des terres basses pour les habitants de Cuzco. *Yunca* voulait
dire aussi, par extension, *terres chaudes*, car, pour les habitants de
la Cordillère, où la température est généralement froide, les plaines,
les vallées et les côtes étaient des *terres chaudes*. D'après cela, tous
les habitants de la côte étaient des *Yuncas* ou *habitants des terres
chaudes*; ceux de *Lurin* comme ceux de *Lambayequé*; ceux de
Huanchaco, où résidait le grand *Chimu*, comme ceux de *Piura*, et
toutes les autres peuplades de la côte étaient indistinctement désignées
par le nom générique de *Yuncas*, auquel on ajoutait le nom de la localité habitée par chaque peuplade.   L. A.

temple consacré à Pachacamac. On y trouva des figures représentant des renards et des poissons, qui paraissaient avoir été des idoles, mais qui symbolisaient sans doute, des divinités d'un ordre inférieur. Les sacrifices humains étaient encore en usage chez ce peuple lors de la conquête péruvienne. Comme ce temple était en terre et en bois ainsi que tous les monuments de la vallée de Lima, il en restait fort peu de chose au temps de Garcilaso, et, aujourd'hui, l'on n'en voit plus que les fondations (1). Les incas, ou plutôt les Espagnols, ont détruit tous les monuments religieux pour leur en substituer de nouveaux. Il existait, dans ce temple, une idole appelée *Rimac* (qui parle) parce qu'elle rendait des oracles. Les incas conservèrent une partie de ce culte et les Yuncas, de leur côté, renoncèrent à l'adoration du renard et des poissons. Ils acceptèrent la religion du Soleil, et, dans le nouveau temple, les deux divinités se trouvèrent confondues. Mais le grand Pachacamac,

(1) Il existe encore les fondations et la partie inférieure des murailles dont le haut, en s'écroulant, a enterré les parties basses de l'édifice. Je crois qu'en déblayant ces ruines, on pourrait retrouver le plan du temple et des édifices qui en dépendaient. Je ne pense pas que ce soient les incas qui aient détruit ce temple ; car cela eût été en opposition avec la vénération qu'ils professaient pour *Pachacamac*, dont ils avaient confondu le culte avec celui, plus ancien chez eux, de *Viracocha*. Sans rien affirmer, je crois que ce dernier était l'*être suprême* pour la race royale plus particulièrement, tandis que *Pachacamac* était celui qu'adorait le peuple. Ce sont, à mon avis, les Espagnols qui ont détruit le temple de Pachacamac avant de pénétrer dans l'intérieur du Pérou : c'est ce qui fait que Garcilaso ne l'a vu que ruiné, sans que pour cela la destruction de ce monument dût remonter à une époque antérieure à la conquête espagnole.　L. A.

étant un pur esprit, ne pouvait être représenté par aucune figure. On bâtit aussi en ce lieu un couvent de vierges comme au Cuzco.

Le fils de l'inca, qui s'appelait Yupanqui, comme son oncle, soumit tout le pays dans lequel fut plus tard fondée Truxillo.

On remarque, une grande conformité entre les événements du règne de Pachacutec, suivant Garcilaso, et ceux de la première partie du règne de Yupanqui d'après Balboa. Ces deux écrivains ne diffèrent donc, quant aux faits généraux, que sur le nom de l'inca régnant, ainsi que nous l'avons dit plus haut. Balboa nous représente Yupanqui revenu vainqueur de trois expéditions et faisant son entrée triomphale au Cuzco avec une pompe extraordinaire : on croirait lire la description du triomphe d'un César dans Rome. Rien n'y manque, pas même les chansons du cortège. C'est à cet inca que le même historien attribue la fondation du temple du Soleil à Ccoricancha. Il rassembla ensuite au Cuzco tous les prêtres du pays et, dans cette espèce de concile national, on aurait discuté des questions de dogme et de discipline. Le but de cette réunion était d'établir dans tout l'empire des Incas une croyance et un culte uniformes. Il y fut décidé d'abord que le Soleil (*Inti*) aurait droit aux premiers hommages des Péruviens et demeurerait la grande divinité protectrice de la race royale et des peuples soumis à ses lois. Venaient ensuite : 1° la lune, *Quilla* ou *Mama-Quilla*, épouse et sœur du Soleil, 2° les étoiles, *Coillur* ou

Coyllur, et en particulier Vénus, *Chasca* ; 3° le tonnerre, *Yllapa* (1) (foudre) ; 4° l'arc-en-ciel appelé
Chuychu ou *Kuychi* ; 5° la terre, *Hinantin-Ppaccha* (2).
L'inca fit alors aux prêtres assemblés un fort long
discours dans lequel il leur reprocha leur ignorance
et leur révéla l'existence d'un Dieu suprême, immatériel, créateur du monde, et régulateur du Soleil
lui-même. Les assistants reconnurent et arrêtèrent
alors qu'il existait un Dieu unique, suprême et infini. On lui donna le nom de *Ticci-Viracocha-Pacha-
camac* (3), « c'est-à-dire principe de tout ce qui est
bon et créateur du monde (4). » La pratique de toute
autre religion, non reconnue par l'assemblée du
Cuzco, fut sévèrement proscrite. Il est remarquable
que Balboa ne fasse remonter le culte de Pachacamac qu'à l'époque où la nation qui adorait cette di-

---

(1) *Intillapa*, selon Balboa : *Inti* veut dire le soleil. Je doute que
le nom Intıllapa soit de formation ancienne. Je le crois bien postérieur
à la conquête pour exprimer l'éclair, qui se disait, en qquichua, *lliuk*,
lliukñig.   L. A.

(2) De *hinantin*, tout, et *ppaccha*, lieux : tous les lieux sans exception ; et en effet, *Hinantin-pacha*, ou *ppaccha*, est le vrai nom
de la terre. *Mama pacha*, nom donné par Balboa, me semble moins
authentique : il pourrait bien être de formation postérieure à la conquête, et, dans tous les cas, voudrait dire *lieu nourricier*, c'est-à-
dire la terre produisant des fruits, la terre labourable ; et ce ne serait
pas sous ce nom que les Indiens l'auraient révérée ; mais bien sous
celui de *Hinantin-ppaccha*. Garcilaso ne dit pas que la terre eût sa
place dans les temples du soleil, tandis que la lune, les étoiles, la foudre et l'arc-en-ciel en avaient une séparée (*Commentarios reales*,
1. III, c. xxi.)   L. A.

(3) *Ticci*, fondement, origine.   L. A.

(4) Balboa, p. 58-61. — Il me parait avoir accepté ces explications
et ces définitions bien à la légère.   L. A.

vinité fut (selon Garcilaso) soumise par les incas.
Nous en devons conclure que ce culte était inconnu
du prédécesseur de Pachacutec et que c'est de son
règne que date l'établissement d'une religion supérieure à celle du Soleil et empruntée à des notions
morales et philosophiques d'un ordre plus élevé.

L'expédition dans les provinces du nord est racontée, à peu près de la même manière, dans les deux
historiens. Balboa a vu, dans un lieu appelé *Chan-
chan*, à une demi-lieue de Truxillo, les ruines du
palais des anciens rois de ce pays. Il ajoute que leur
postérité subsistait encore de son temps et que le
cacique Mancique, baptisé en 1550, descendait de
cette famille royale (1).

IX. *Yupanqui*, 10ᵉ *inca*. Pachacutec étant mort,
son fils, déjà célèbre par les dernières guerres, lui
succéda. Il prépara une grande expédition vers
l'Orient et entreprit une campagne contre les *Chun-
chu* (aujourd'hui *Chunchos*) qui habitent sur les
confins de la plaine du Saint-Sacrement, c'est-à-dire,
sur le revers oriental de la chaîne des Andes. Ils se
peignent le visage et portent sur la tête des plumes
de perroquet. Ils acceptèrent le joug de l'inca et lui
envoyèrent des présents. Les vainqueurs pénétrèrent
ensuite dans le pays du Mussu (aujourd'hui Mojos).
Une grande partie de l'armée s'établit dans cette
contrée, contracta des mariages avec les indigènes et
ne revint jamais au Cuzco. Les peuples de *Chirihuana*

(1) Voyez, pour toute cette conquête, Feijoò. *Relacion de la ciu-
dad de Truxillo*. Madrid, 1763, p. 25 et 85.

qui habitent à l'est du lac Titicaca se défendirent avec tant d'énergie qu'il fut impossible de les soumettre. Ils étaient anthropophages. A l'époque de la conquête espagnole, ils paraissent avoir été plus civilisés. On peut les assimiler aux Bohémiens de l'ancien continent. Ils ne séjournent jamais dans leur pays, mais parcourent l'Amérique, trafiquant de toutes choses ; ils exercent la médecine, vendent des drogues, des simples, des philtres et disent la bonne aventure ; ils pratiquent même l'avortement.

L'inca Yupanqui fit faire ensuite une expédition au Chili. Après avoir traversé le désert *Palacama* ou *Tacama*, qui a 80 lieues, l'armée arriva à *Copiapu* (aujourd'hui *Copiapo*) où se trouvent des mines d'argent. Ayant ensuite franchi un nouvel espace de 80 lieues, elle soumit la vallée de *Cuquimpu* (*Coquimbo*), et, 50 lieues plus au sud encore, la vallée où se trouve aujourd'hui *Santiago* ; enfin, à 50 lieues de là, toujours en se dirigeant vers le midi, elle parvint jusqu'à la rivière *Maulli* (aujourd'hui *Maulé*) au-delà de laquelle commençait le pays des terribles *Araucaniens* (1) qui défendirent si vaillamment leur

(1) Aujourd'hui, le territoire des *Araucaniens* ne commence qu'à la hauteur de San-Carlos de Chiloë, et l'on a prétendu que jamais ils n'étaient rencontrés plus haut que Valdivia. Il se pourrait qu'ils eussent été refoulés dans le sud lors de la conquête espagnole et qu'ils s'étendissent jusqu'au Maulli à l'époque où les incas soumirent le Chili. Il pourrait se faire aussi, et cela est plus probable, que le nom d'*Araucaniens* fût donné collectivement aux tribus qui occupaient tout le pays depuis le Maulli jusque dans le sud, au delà de Chi'oë, et que, dans la suite, cette appellation eût été conservée seulement à la tribu restée insoumise qui avait donné son nom à toutes les autres. L. A.

indépendance contre la nation espagnole. C'est par
la rivière Maulli que fut bornée à tout jamais la domination des incas au sud.

X. *Tupac-Yupanqui*, 11ᵉ *inca*. Une partie des exploits que Garcilaso attribue à cet inca sont racontés
par Balboa sous le règne de son père, notammentses
campagnes dans le *Chincha-Suyu* et la conquête du
royaume de Quito. Cet historien place aussi sous le
règne de Tupac-Yupanqui l'expédition au Chili que
nous venons de rapporter et l'édification du temple
de Pachacamac (1).

L'inca Yupanqui surnommé *Tupac* (ce qui ne veut
pas dire *brillant*, mais bien *royal*, fils de roi), fit d'a-
bord une expédition dans le nord vers *Casamarca*
(*Caxamarca*); il soumit ensuite différentes peuplades
de l'est et, entre autres, celle du *Huacrachucu* (2), qui
portaient sur la tête un bandeau de laine noire mou-
chetée de blanc et une corne de cerf en guise d'aigrette. Ils adoraient les couleuvres : un grand nombre
de ces animaux étaient même représentés dans leurs
maisons. Après de nombreuses conquêtes, les armées
du Cuzco se dirigèrent vers Quito dont elles s'em-
parèrent à la suite de longs efforts. Elles poussèrent
jusqu'à la province des *Quillacencas* (dont le nom signifie *nez de métal*, ou, plutôt, *nez percé*) (3); c'est,

(1) Balboa, p. 111.

(2) *Huaccra*, forme, et *chuce*, bonnet, tout ce qui se met sur la
tête.   L. A.

(3) *Qquilla*, lune, — cicatrice, toute sorte de blessure, et *cencca*,
nez. En qquichua, chaque métal a un nom distinct, mais aucun ne

du moins, le nom que les Indiens donnaient à ces
peuples parce qu'ils étaient dans l'usage de se percer
la cloison du nez pour y introduire un anneau d'or,
d'argent ou de cuivre, comme les bayadères de l'Inde.
La province de *Caranqui* fut la dernière conquête
des Péruviens dans le Chincha-Suyu. Les habitants
de Lambayequé racontaient encore, au temps de Balboa, l'arrivée des incas dans leur pays. La langue
qu'ils parlaient à cette époque différait essentiellement du Qquichua et de l'Aymara, parlées au Pérou.
C'est la langue des Yuncas (1) qui s'est consacrée
jusqu'à nos jours dans les *Corrégimientos* de *Piura*,
de *Truxillo*, de *Zaña* et de *Caxamarca*. M. Ternaux-
Compans en donne un spécimen dans son édition de
Balboa; elle présente quelques rapports avec le chinois, quant aux terminaisons. Lambayequé avait

s'appelle *qquilla*. Le seul mot générique employé pour désigner les
métaux bruts est *mama* et encore y joint-on le nom du métal que contient le minerai, exprimant ainsi le fait de l'*enfantement* à venir : *ccori
mama*, minerai d'or, mère de l'or, *collque mama*, minerai d'argent,
mère de l'argent. Je pense donc qu'il y a erreur dans la signification
donnée par l'auteur espagnol au nom des *Quillacencas*. Garcilaso
(l. VIII, c. VII) dit que le nom de quillacenca veut dire *nez de fer*,
parce que ces peuples mettaient à leur nez des *anneaux d'or, d'argent* ou *de cuivre*. On devrait plutôt supposer qu'ils s'appelaient *nez-
percés*, *nez-cicatrisés*, parce qu'ils se perçaient en effet le nez pour
y passer ces anneaux. Toujours est-il que le fer était inconnu aux
Indiens avant la conquête, que *quilla* ne veut pas dire métal et ne
désigne aucun métal en particulier, et que l'on ne peut s'appeler *nez-
de-fer*, sous le prétexte qu'on a un morceau d'*or, d'argent* ou de *cuivre* passé dans le nez. L. A.

(1) Je pense que cette langue était une de celles des *Yuncas*, mais
non la langue *yunca*; reste à savoir quel nom elle portait en particulier. L. A.

eu d'abord ses rois particuliers, puis ce pays avait été soumis par les Yuncas dont le chef suprême, Chimo-Capac (1), fut vaincu par l'inca. Mais les Curacas de cette province ne cessèrent d'être choisis dans la famille royale de Lambayequé et conservèrent une certaine indépendance sous la domination péruvienne, comme, plus tard, sous celle des Espagnols. Toute cette expédition est placée par Balboa sous le règne de Yupanqui, mais il lui donne pour chef Tupac-inca. Cette similitude de nom entre le chef et le roi explique peut-être la différence d'époque des deux récits.

Tupac-Yupanqui acheva la construction de la forteresse du Cuzco commencée par son père. Nous en donnerons plus loin la description. Balboa assure que Tupac-inca avait été surnommé *Pachacuti* et il dit à ce sujet : « Plusieurs auteurs qui ont écrit tranquillement dans leur cabinet, en Espagne, ont ajouté à la liste des incas un prince auquel ils donnent ce nom (Pachacuti); mais la vérité est que Pachacuti est un surnom donné à Tupac-inca, qui fut si aimé de ses sujets que quand, par la suite, ils se trouvaient heureux, ils disaient que le temps de Tupac-inca était revenu. » Entre ce témoignage et celui de Garcilaso nous n'hésitons pas à préférer le dernier, qui devait être, au moins bien renseigné sur ses propres

---

(1) Je doute qu'avant la conquête espagnole, on ait jamais donné le titre de *capac* (titre royal dans la langue qquichuà) à *Chimu* qui pouvait bien prendre celui de roi dans sa propre langue, mais qui n'a jamais dû le prendre dans la langue de ses vainqueurs, sous la domination desquels il n'était qu'un simple *curaca*. L. A.

ancêtres quand si peu de générations les séparaient
de lui : Pachacutec-inca, dont Balboa conteste l'existence, aurait été le trisaïeul de Garcilaso.

C'est à Tupac-inca que Balboa attribue l'établissement des foires ou marchés et la division de l'année
en 12 mois d'après la marche du Soleil. Cet inca aurait, de plus, fixé la liturgie des fêtes établies dans
chaque mois (1). Il eut de sa femme, Mama-Oello,
Huayna-Capac qui lui succéda.

XI. *Huayna-Capac*, 12e *inca*. Le premier soin
de cet inca fut de régler les cérémonies qui devaient avoir lieu à l'occasion du sevrage. Peu de
temps après son avénement, Huayna-Capac laissa
au Cuzco Huascar qu'il avait eu de sa seconde femme,
Rava-Oello, et se rendit à Quito où il épousa la fille
de l'ancien roi de ce pays, qui fut mère d'Atahualpa. Il fit ensuite la conquête de toute la côte
qui est au sud de *Tumpiz* (aujourd'hui *Tumbes*).
Cette expédition fut longue et difficile. Balboa la raconte en détail et nous fait connaître les fatigues ex-
cessives et les maux sans nombre qu'éprouvèrent le
roi et son armée dans ces contrées inhospitalières. En
effet, la côte qui, dans la Colombie, est couverte de
forêts et de fertiles vallées, ne présente plus, au sud
de Tumbes, qu'une suite de déserts, qu'une longue
plaine aride dans laquelle il ne pleut jamais et qui
n'est interrompue que par des vallons étroits arrosés
par les petits fleuves qui se rendent dans l'Océan

(1) Balboa, p. 123-128.

Pacifique. De retour au Cuzco, l'Inca employa deux années à embellir sa capitale, puis il fit une nouvelle expédition vers Tumpiz et dans les montagnes qui avoisinent la moderne Cuença. Les peuples de ces contrées se soumirent : ils adoraient les tigres, les lions et leur sacrifiaient des cœurs d'hommes et du sang humain. Les vainqueurs élevèrent dans ce pays un palais de vierges, un temple du Soleil et une forteresse dont on voit les ruines aux environs de Cuença (1).

Les Huanca-Villcas ayant massacré les agents que Yupanqui avait laissés pour les administrer, Huayna-Capac les fit décimer et ordonna qu'on arrachât deux dents d'en haut et deux dents d'en bas aux neuf autres de chaque dizaine. Ce signe flétrissant qui rappelait le châtiment infligé par l'inca à cette nation rebelle, fut, dans la suite, considéré comme une marque honorable et l'usage se conserva dans ce pays d'arracher quatre dents à tous les enfants. Dans une nouvelle expédition Huayna-Capac arriva jusqu'à l'île de la *Puná*, à l'embouchure de la rivière Guayaquil. Tumpala, roi de cette île, ayant fait sa soumission, l'inca y descendit ; mais les habitants se soulevèrent et coupèrent les liens des balsas, de sorte qu'une partie de l'armée du Cuzco fut submergée avant d'avoir pu regagner le continent. Presque tous ceux qui se trouvaient encore dans l'île furent massacrés. Huayna-Capac prit le deuil, que

(1) M. de la Renaudière en parle dans l'*Univers pittoresque.*

les incas portaient en se revêtant d'habits de couleur brune. Il revint sur ses pas et fit commencer un pont qui devait conduire à la Puná ; mais il demeura inachevé (1).

Parmi les tribus auxquelles l'inca imposa ses lois dans la suite étaient les habitants de la province de *Caranqué* qui étaient dans l'usage de se taillader la face avec des couteaux de silex et d'aplatir la tête de leurs enfants. Il réduisit encore d'autres pays dans la région équatoriale et put observer chez les peuples qui les habitaient les mêmes mœurs sauvages. La province de Caranqué s'étant soulevée, l'inca ordonna de faire périr tous ceux qu'on pourrait prendre et de les jeter dans le lac qui, depuis ce temps, prit le nom de *Yahuarcocha* (lac du sang).

Huayna-Capac, par tendresse pour Atahualpa autant que par un motif politique, résolut de le faire proclamer roi de Quito. Ce pays, nouvellement conquis, était trop éloigné de l'ancienne capitale du Pérou, pour que la surveillance de l'inca pût s'exercer avec fruit. Il réunit donc ses curacas et appela auprès de lui son fils légitime, Huascar, puis il leur révéla ses intentions en faveur d'Atahualpa : tous l'assurèrent de leur concours.

Huayna-Capac était à *Tumibamba*, patrie d'Atahualpa, lorsqu'il apprit que des *hommes barbus, portés sur le dos de l'Océan, dans des maisons de bois, et armés de la foudre*, avaient été vus sur la côte. Ceci eut

---

(1) Ce récit est évidemment une fable, car l'île de la Puná est au moins à 5 lieues du point de la côte le moins éloigné.   L. A.

lieu, d'après Garcilaso, l'an 1515 de J.-C. Cet historien croit que c'était Nuñez Balboa ; mais c'est une erreur, car Balboa n'a jamais navigué sur l'océan Pacifique. Tous les autres écrivains s'accordent à dire que Pizarre et Almagro sont les premiers Européens qui aient exploré les côtes du Pérou ; or le voyage de Pizarre qui a précédé sa grande expédition de 1534, n'a eu lieu qu'en 1524, d'après le récit de Xeres (1), secrétaire du chef espagnol, et dont le précieux ouvrage, devenu si rare pendant longtemps, a été traduit en français et publié par M. Ternaux-Compans. Garcilaso aurait donc commis une double erreur : 1º une erreur de fait en attribuant à Nuñez Balboa la première exploration des côtes du Pérou, 2º une erreur de date en faisant remonter à l'année 1515 un événement qui n'a eu lieu qu'en 1524 ; enfin, il a fait mourir Huayna-Capac en 1523 et c'est en 1525 que l'historien Balboa place, avec plus de raison, l'époque de sa mort : ce serait donc l'année qui l'a précédée que Huayna-Capac aurait été instruit, à Tumibamba, de la nouvelle du débarquement des Espagnols Pizarre et Almagro sur la côte du Pérou. Or il était arrivé en 1512 une chose merveilleuse pendant la célébration de la fête du Soleil. On avait vu, dit Garcilaso, un aigle royal (grande harpie des Andes), appelé au Pérou *Anca*, traverser les airs, poursuivi par des éperviers (*hua-*

---

(1) *Relation de la conquête du Pérou*, par Fr. Xeres, p. 2, traduction de M. Ternaux-Compans. Conf. Herrera qui donne la même date. — Cieça de Leon place cette expédition en 1525.

man). Ces oiseaux frappèrent de leurs ailes et de leurs becs, l'aigle qui, vaincu dans cette lutte inégale, tomba sur la grande place du Cuzco. Lorsqu'on le releva, on s'aperçut qu'il était couvert de lèpre et dépouillé d'une partie de ses plumes. On essaya de le rappeler à la vie ; mais il mourut deux jours après. Les devins donnèrent à ce prodige diverses explications ; tous tombèrent d'accord sur un point ; à savoir, que ce prodige annonçait la chute prochaine de l'empire des Incas. On avait remarqué depuis quelque temps des tremblements de terre plus fréquents et plus terribles qu'à l'ordinaire ; la mer monta plusieurs fois au-dessus de son niveau ; des montagnes s'abîmèrent ; la lune apparut au milieu de trois grands cercles : le premier, de couleur de sang, annonçait d'après l'interprétation d'un célèbre devin, appelé Llaica, qu'après la mort de l'inca, ses fils se livreraient une guerre cruelle et que la race royale s'éteindrait en leurs personnes ; le second, de couleur verdâtre, annonçait la destruction de la religion, et le troisième, de couleur noire, annonçait que l'empire se dissiperait en fumée. Les autres devins reconnurent que cette prédiction était juste. Huayna-Capac se montra d'abord incrédule ; mais s'étant rappelé les prophéties faites à ses ancêtres et les ayant rapprochées de ces pronostics récents, en conçut un violent chagrin que vint augmenter encore la nouvelle du débarquement des hommes *blancs* et *barbus*. Il fit faire partout des sacrifices au Soleil ; tous les oracles furent consultés et, en particulier, celui de Pachacamac ; mais les réponses furent confuses et contradictoires. Garcilaso tenait les faits que nous venons de rapporter de deux officiers péruviens convertis au christianisme et nommés D. Juan Pechuta et Chauca-Rimachi. Avant de mourir l'inca ordonna que ses entrailles et son cœur fussent inhumés à Quito et que son corps fût transporté au Cuzco. A ses derniers moments il annonça d'une voix solennelle et prophétique la chute prochaine de l'empire ; il assura même que ce seraient les *hommes blancs* qui deviendraient les maîtres du Pérou. Il ordonna à ses fils et à son peuple de leur obéir comme aux envoyés du grand Viracocha. Cette prophétie est aussi rapportée par *Cieça de Leon* (1). Elle ne paraît pas avoir été inventée après la conquête pour flatter l'orgueil espagnol, car Gomara assure que Huayna-Capac étant mort, Huascar-inca, son fils aîné, se serait conformé à ses dernières volontés en faisant l'abandon aux Européens de tout le royaume de Quito gouverné par son frère Atahualpa. Cette déclaration fut faite en présence des deux Espagnols Hernando de Soto et Pedro del Barco. Mais peut-être ne faut-il y voir que l'effet de la haine de Huascar contre son frère.

Les expéditions que nous avons racontées sommairement sous le règne de Huayna-Capac, sont attestées par tous les autres historiens. Quant aux événements qui suivent la mort du 12ᵉ inca, nous

(1) C. 44.

ne les rapporterons pas ici : ils se trouvent partout.
Tout le monde connaît l'antagonisme de Huascar et
d'Atahualpa, la défaite et la mort du premier, le
sort misérable du second, la conquête du Pérou par
Pizarre et Almagro, la fondation de Lima et la
destruction de la race royale. Xeres, comme témoin
oculaire, nous paraît le plus digne de foi de tous les
historiens qui ont exposé le récit de cette lutte terrible. L'ouvrage de Balboa peut être considéré
comme le complément de celui de Xeres : l'un nous
fait connaître l'histoire des Péruviens ; l'autre celle
des Espagnols. La narration du premier est plus
agréable que le rapport presque officiel du second ;
elle est même parsemée d'incidents curieux qui
pourraient défrayer les romanciers jaloux de remettre en honneur les récits péruviens comme au
temps de Marmontel et de madame de Graffigny.

IV.

DES INSTITUTIONS DU PÉROU.

La plupart de ceux qui ont étudié les institutions
du Pérou ont souvent cru découvrir des rapports
entre l'ancien et le nouveau continent, là où il
n'existe que des faits généraux semblables , qui ré-
sultent de la marche naturelle et identique de l'esprit humain. Les hommes abandonnés à eux-mêmes,
se formant en société et se perfectionnant avec les
seules ressources que peut leur suggérer leur industrie , parviennent à créer des institutions et à élever

des monuments qui présentent dans les divers pays
de grandes similitudes. Il est d'autant plus difficile
d'échapper aujourd'hui à cette dangereuse méthode
d'analogie, que les écrivains espagnols, les seuls
qui aient recueilli les traditions du Pérou à une
époque où elles n'avaient encore subi aucune altération, ont tous apporté, dans le Nouveau-Monde,
des idées préconçues qui leur ont caché tout un côté
de la vérité. Pour les uns, le Pérou était le pays d'O-
phir dont il est parlé dans la Bible, et Manco-Capac
était un arrière-petit-fils de Noé. Ils ont cherché à
découvrir des rapports entre les Juifs et les peuples
de l'Amérique, et ont prétendu trouver dans le *Lé-
vitique* et le *Deutéronome* des preuves d'une commune origine. Ils ont substitué ainsi leurs propres
croyances à la simple observation des faits. En voulant tout expliquer dans le sens des traditions bibliques et donner à chaque chose une origine hébraï-
que, ils ont élevé, sans avoir recours aux procédés
scientifiques, un édifice imaginaire qui ne saurait
satisfaire les esprits même les moins exigeants.

Quant aux faits généraux, dont l'analogie nous
frappe dans la civilisation des deux continents, ils
ne prouvent, nous le répétons, qu'une seule chose :
c'est l'identité de l'esprit humain. Les premiers
efforts qu'il fait au sortir de l'enfance sont partout les mêmes ; les sociétés qui s'organisent présentent entre elles les mêmes caractères. Le soleil,
les astres, les produits du sol, la nature entière ont
été d'abord les objets d'une adoration presque uni-

verselle. Les peuples enfants, avant de remonter à
la cause productrice, ont commencé par honorer
d'un culte naïf les manifestations sensibles d'une
divinité qui se dérobe à leur vue. Ce n'est que plus
tard que la notion d'un souverain créateur, principe
éternel et immatériel de toutes choses, a dû pénétrer
dans l'esprit des peuples. Ce progrès marque le second âge religieux des sociétés, et suppose chez les
nations, comme chez les individus, une éducation
première déja fort avancée. Rien ne saurait le prou-
ver d'une manière plus évidente que le soin qu'il
faut prendre pour amener aujourd'hui l'homme de
nos classes inférieures à dépouiller la divinité des
formes matérielles dont on l'a entourée pour la lui
rendre présente et réelle! Avec quelle difficulté par-
viendra-t-on à faire pénétrer dans son cerveau les
grandes vérités qui touchent à l'éternité, à l'imma-
térialité de l'âme, à toutes les notions spirituelles
sur lesquelles reposent les religions philosophiques.

Si nous voyons le culte du soleil établi au Pérou,
dans les temps anciens, faut-il en conclure que ce
culte dérive de celui des mages ou de l'Osiris égyptien? Si, dans le second âge, nous voyons se substituer à l'idolâtrie la croyance à un pur esprit, âme et
principe créateur du monde, faut-il voir dans cette
notion vraiment spiritualiste, un emprunt fait aux
idées sémitiques et ariennes et proclamer que ce dieu
immatériel et infini, le grand Pachacamac, procède
du Brahma de l'Inde, du Bouddha du Tibet, ou du
Jehovah de la Bible?

L'archéologie elle-même, qui nous présente des faits incontestables et met sous nos yeux des témoignages certains que l'esprit.systématique des historiens n'a pu altérer, nous offre de même entre les civilisations primitives des deux continents certaines analogies d'ensemble qu'il faut bien se garder de prendre pour le résultat de rapports antérieurs entre les peuples. Nous trouvons au Pérou des monuments cyclopéens, la taille des pierres sur une seule face et un agencement semblable à celui des monuments pélasgiques de la Grèce et de l'Italie, cela ne prouve assurément aucune communication entre les deux mondes. N'est-il pas naturel de penser qu'à l'origine des sociétés, les hommes, après s'être longtemps abrités sous des toits de feuillage, dans les creux des arbres et dans les cavernes, ont senti la nécessité, pour vivre réunis en famille, puis en tribus, de se composer des habitations plus solides et plus commodes? Pour y parvenir, ils ont dû, en effet, rassembler des pierres et les entasser pêle-mêle et sans art, de manière à former les parois d'abord grossières de leurs habitations; puis, ce premier besoin satisfait, ils ont dû polir les pierres sur une face de manière à obtenir un plan uni; voilà la construction pélasgique inventée. Ce n'est pas le résultat d'un concert entre les nations primitives du globe : c'est la découverte instinctive de tous les hommes, au début de la vie sociale. On peut dire la même chose de la forme pyramidale si répandue au Mexique comme en Égypte, en Étrurie, et dans presque toute

l'Asie. On a de bonne heure compris que les constructions, larges à la base et minces au sommet, présentaient la meilleure garantie de durée. Aussi cette
forme architecturale a-t-elle été appliquée chez tous
les peuples du monde aux monuments religieux, tels
que les tombeaux et les temples. Le temple de Bel
à Babylone, décrit par les historiens grecs, les tombeaux des rois d'Égypte, ceux des grands personnages en Tartarie, les *tumuli* des peuples scandi-
naves et les téocallis mexicains, présentent tous le
même caractère, parce que la solidité était le but
qu'on se proposait d'atteindre dans tous ces pays
Ce qui prouve que cette ressemblance n'est que l'effet d'un pur instinct, naturel à toutes les nations,
c'est que la destination de ces monuments semblables, quant à la forme, varie suivant les lieux. Ici,
c'était la mémoire d'un héros ou d'un roi que l'on
cherchait à rendre impérissable, là, c'était un temple, au sommet duquel se faisaient des sacrifices à la
vue de tout un peuple.

Ce n'est donc pas par des faits généraux que l'on
peut établir des rapports entre les civilisations des
deux continents, mais bien par des faits de détail.
Il est facile de comprendre comment les hommes,
guidés par leur instinct, ont satisfait d'abord leurs
premiers besoins ; il ne l'est pas d'expliquer comment les arts de luxe, les formes du culte, les ornements d'architecture, en un mot toutes les particularités accidentelles d'une civilisation déjà plus
raffinée, présentent tant de points de ressemblance

chez des peuples séparés par des mers immenses ou
des contrées entières, comme l'Inde et le Mexique,
l'Égypte et le Pérou. Mais en abandonnant la fausse
méthode suivie par les écrivains espagnols, nous
nous tiendrons également éloigné de l'esprit systé-
matique des ethnographes américains qui nient aveu-
glément toute relation entre les deux continents par
l'océan Pacifique, avant la découverte de Colomb.
N'ayant ni parti pris ni idée préconçue, nous avons
cherché seulement à connaître la vérité, et nous nous
faisons un devoir de la dire avec indépendance et
sincérité.

I. *Religion.* En consultant les traditions historiques du Pérou et en examinant les monuments des
indigènes, l'on peut se convaincre que le culte du
soleil a précédé, au Cuzco, celui de Pachacamac,
principe immatériel et dieu créateur ; mais il ne s'en-
suit pas que ce culte ait dominé de tout temps dans
chacune des contrées qui ont été successivement réunies à l'empire des incas. Il ressort clairement de
ces mêmes témoignages que le culte de Pachacamac
ou de Viracocha, divinité suprême, qui n'était représentée par aucune image sensible, à été établi au
Pérou à une époque fort ancienne ; que les incas ont
adopté cette croyance et se la sont si bien appropriée,
que l'on a dû penser qu'elle était née parmi eux.
C'est le procédé ordinaire des conquérants qui s'em-
parent des institutions des peuples vaincus et les
laissent subsister florissantes longtemps après que
les nations, dont ils les ont empruntées, ont dis-

paru. Nous prouverons par les monuments que la civilisation qui a précédé celle des incas, dans plusieurs provinces du Pérou, et principalement sur les bords du lac Titicaca et dans la vallée de Tyahuanaco, annonce une culture supérieure à celle du Cuzco et doit être le fruit d'une éducation plus saine et plus forte. Lorsque le culte de Pachacamac s'introduisit au Cuzco sous le règne de Pachacuti ou sous celui de Tupac Yupanqui, le soleil était considéré comme le Dieu suprême, Père des incas et protecteur de la race péruvienne; mais la divinité nouvelle prit la première place, et les prêtres commencèrent à enseigner que l'astre n'était qu'une manifestation du grand Pachacamac, créateur du monde, et qu'il ne fallait plus confondre la cause avec l'effet, la substance créatrice, infinie, éternelle, avec la matière créée, bornée et périssable. On continua d'adorer le soleil, mais comme symbole; il eut un culte à part et distinct; c'est à lui que s'adressèrent les prières et les sacrifices. Pachacamac signifie *âme du monde*; on ne le représentait pas. Le soleil, au contraire, était figuré par une large plaque d'or, déposée dans le sanctuaire des temples.

Après le soleil, venait la lune, puis le tonnerre et les étoiles. Rien n'est moins compliqué que la théogonie des Péruviens; cependant les auteurs espagnols leur attribuent un grand nombre de divinités. Garcilaso toutefois n'est pas tombé dans cette erreur, et il nous explique même la cause qui l'a produite. La plupart des écrivains ont cru que tous les objets désignés sous le nom de *huacas* étaient des idoles, or ce mot a plusieurs acceptions. Proprement,, *huaca* exprime toute *chose sacrée.* Par extension, il signifie idole, tombeau, tout·ce qui est offert en sacrifice, tout ce qui a rapport à la religion. De là, la confusion qui a transformé en idole tout ce qui s'appelait huaca ou était qualifié de *huaca,*,c'est-à-dire de saint ou sacré. Il a bien existé un grand nombre d'idoles dans certaines contrées du Pérou avant leur incorporation à l'empire des incas ; car nous ·voyons, dans le récit des guerres, que beaucoup de tribus adoraient des animaux, tels que le condor, le lion, le tigre, les couleuvres ; les produits de la terre, tels que le maïs, les patates ; mais nous voyons aussi que ces différents·peuples, en se soumettant aux lois de l'inca, se convertissaient au culte du soleil. Ces guerres ont·, comme nous l'avons dit, un caractère essentiellement religieux. C'était, en quelque sorte, une propagande armée. Les rois de Cuzco ne cherchaient pas seulement à s'assurer de nouveaux sujets : ils voulaient gagner des prosélytes, et leurs croyances ne rencontraient qu'un ·très-petit nombre de rebelles. On conçoit facilement d'ailleurs qu'une religion aussi simple que la leur, et qui parlait à la fois à l'esprit et aux yeux, dût satisfaire tout le monde. Aussi les dogmes de la religion du Cuzco se répandirent-ils presque aussi ·rapidement que ceux de Mahomet en Asie et en Afrique. C'est ainsi que·le polythéisme compliqué des nations barbares du·Pérou fit place à un culte plus facile à compren-

dre, plus commode à pratiquer. Grâce aux sages
mesures des incas, on vit s'établir une sorte d'unité
religieuse dans l'empire et l'on ne conserva plus çà
et là qu'un vague souvenir des anciens cultes et
quelques formes traditionnelles qui subsistaient encore à l'époque de la conquête espagnole. C'est ce
qui explique comment les premiers missionnaires
trouvèrent au Pérou les vestiges d'une idolâtrie ancienne dont les fétiches étaient encore debout. Le
très-curieux ouvrage du P. Joseph de Ariaga (1)
nous fait connaître les restes, encore nombreux de son
temps, de ces cultes divers que n'avaient pu détruire
entièrement ni les institutions des incas ni le christianisme déjà florissant. La description qu'il nous a
laissée montre bien que ces formes ne présentaient
nullement le caractère d'une religion en vigueur :
c'étaient de vieilles coutumes que le temps et les révolutions n'avaient pu déraciner du cœur des peuples.

Une des meilleures preuves de ce fait c'est que
Ariaga nous fait voir, longtemps après la conversion
des Indiens au christianisme, le soleil presque universellement honoré au Pérou. Le nom seul variait.
Dans certaines tribus de la Cordillère, on l'adorait
sous le nom de *Punchao*. La lune, les étoiles, le tonnerre, étaient aussi l'objet d'un culte assez général.
Puis, dans certaines contrées on adorait la mer, dans
d'autres, la terre, les sources, les montagnes, principalement celles qui sont couvertes de neige et qu'ils
appelaient *Razu*. Il y avait des tribus qui honoraient

(1) Extirpacion de la idolatria de los Indios del Perù. Lima, 1621.

particulièrement certaines sépultures anciennes que l'on croyait avoir été celles des géant (tradition conforme à celle du Mexique), et que l'on nommait *Huaris*. Mais il faut bien distinguer dans le récit du P. Ariaga ce qui était *chose sacrée* de ce qui était la divinité elle-même, distinction qu'il n'a pas toujours faite; car il confond les *huacas* avec les idoles.

Il y avait de même au Pérou plusieurs oracles que les missionnaires ont pris pour les temples des idoles. Ainsi, dans la province de Cahuana, était un lieu où se dévoilait l'avenir et qu'on appelait *Catequilla* (1). Cet oracle avait annoncé la mort de l'inca Huayna-Capac. Huascar, inca, irrité de voir que sa prédiction s'était accomplie, avait fait brûler l'édifice. Ce que voyant, les prêtres avaient soustrait l'objet du culte à l'incendie et l'avaient transporté à Cahuana. C'était donc plutôt un monument commémoratif qu'une idole. Nous ne pouvons non plus considérer comme des fétiches les *malquis* ou *munaos* (2), espèce de

(1) Ce nom est très-probablement d'origine espagnole ou, tout au moins, très-défiguré par les premiers conquérants.   L. A.

(2) Muñaos, et peut-être même *Muñecos*, mot espagnol qui veut dire *figurines grotesques*. Peut-être y a-t-il une faute d'impression ou confusion de mots. Mais je doute que le mot *Muñaos* ou *Munaos* soit d'origine indienne.

Mallqui, en qquichua, veut dire *plant d'arbre, jeune arbre*, et par extension toute espèce d'arbres fruitiers. Il n'y a probablement aucune communauté entre les mots *malqui* et *mallqui*, et il faut sans doute chercher l'étymologie de *malqui* ailleurs que dans la langue générale du Pérou, à moins que l'on n'admette que les premiers Péruviens du Cuzco aient adoré les arbres et les plantes, ce qui est fort possible.   L. A.

momies dans lesquelles les Péruviens conservaient les corps de leurs ancêtres. Le culte des dieux familiers, très-répandu au Pérou et qui paraît avoir été un reste des anciennes croyances, devait être plutôt toléré que prescrit par les prêtres du soleil. Ces dieux étaient des espèces de génies tutélaires, comme les Pénates et les Lares des Romains ; cette religion du foyer, à la fois antique et respectable, ne paraissait pas dangereuse et ne pouvait porter aucune atteinte au culte public. D'ailleurs la forme même que l'on donnait à ces dieux pénates rappelait souvent des souvenirs chers aux fils du soleil et à toute la postérité de Manco-Capac. C'étaient le plus souvent des pierres remarquables par leur couleur ou leur figure : quelquefois des bezoards ou des morceaux de cristal. A ces génies viennent s'ajouter d'autres dieux inférieurs, empruntés aux tribus conquises : comme le *Papapconopa*, que l'on invoquait pour obtenir une bonne récolte de patates; le *Caullama*, pour les troupeaux. On trouvait encore, parmi les populations péruviennes, certaines divinités rustiques dont le culte avait été conservé par les incas, parce qu'il maintenait les liens sociaux, le respect de la propriété et les coutumes anciennes d'ordre et de bonne harmonie dans les classes agricoles; c'étaient *Chichic*, espèce de dieu terme, qui protégeait les propriétés ; *Larcavillca*, qui présidait aux ouvrages d'irrigation. Quand on trouvait dans un champ un épi de maïs d'une grosseur extraordinaire, on le nommait *huantazara*, on le brûlait avec solennité et

l'on exécutait la danse *Ayrihua* en l'honneur du dieu
Libiac. Les enfants jumeaux avaient aussi, pour plusieurs de ces peuples, quelque chose de sacré : on
les appelait *chucos* ou *curi*(1), et quand ils mouraient
jeunes, on conservait précieusement leurs corps.

Certes, on ne peut nier que l'existence de toutes
ces divinités ou génies inférieurs qui s'étaient conservés chez la plupart des tribus péruviennes après
la conquête espagnole, n'implique une sorte d'idolâtrie; mais il est fort douteux que ces différents
cultes fussent, comme à Rome, reconnus par l'Etat et
présentassent autre chose que les restes des croyances anciennes chez les peuples soumis à la domination des incas. Ce n'était pas un polythéisme orga-
nisé et prescrit, comme en Grèce et à Rome. Il faut
bien se garder de croire, par exemple, que le temple
du Cuzco ait été, comme l'a dit Garcia, une espèce
de Panthéon où l'on aurait admis indistinctement
tous les dieux des nations conquises. Les règlements
des incas ont pour objet, au contraire, de restrein-
dre le plus possible les objets du culte, et, si les rois
du Cuzco ont emprunté aux peuples de la côte la
croyance au grand Pachacamac, ils n'ont jamais
adopté l'idolâtrie grossière des tribus de la Cordillère.

C'est surtout par ses dogmes fondamentaux que la
religion péruvienne (nous parlons de celle qui était

(1) Par la même raison que ces espèces de divinités étaient propres
à des peuplades conquises ; les noms qui leur étaient donnés avaient
sans doute une origine étrangère à la *qquichua*.   L. A.

professée au Cuzco et prescrite par les incas) s'élevait au-dessus du fétichisme des autres peuplades
de l'Amérique et se rapprochait des religions de
l'Orient. *Pachacamac*, l'âme du monde, était immatériel et infini. Le soleil n'était qu'une des formes
symboliques de sa puissance. L'inca était une sorte
d'incarnation comme les chaberons du Tibet, véritables Bouddhas vivants. Les Péruviens distin-
guaient l'âme, *runa* (1) (être intelligent) du corps,
Allpacamasca (2) (terre animée). Cette âme était im-
mortelle. Selon qu'on avait bien ou mal vécu, des
récompenses attendaient les bons, dans le monde
d'en haut *Ananpacha* (3), et des tortures, les mé-
chants, dans le monde d'en bas, situé au centre de
la terre, *Hurinpacha* (4), appelé aussi maison des
démons, *Cupaypauacin* (5). Ils croyaient aussi à la
résurrection des corps et observaient même un usage
assez bizarre qui s'accordait avec cette croyance :
quand ils se coupaient les cheveux ou les ongles, ils
recueillaient soigneusement ces débris et les pla-

(1) *Runa*, *homme*, dans le sens le plus général, *mâle* ou *femelle*.
                                                                    L. A.

(2) *Allpa*, terre, *kamuscca* (?) de *kamuni*, mâcher, pétrir (?). L. A.

(3) *Hanan*, haut, et *pacha* ou *ppacha*, lieu, endroit.   L. A.

(4) Hurinpacha ne paraît pas être le mot propre dont se servaient les
Péruviens, car il n'existe pas dans la langue qquichua telle qu'elle est
venue jusqu'à nous. Il est probable que le mot dont se servaient les
Indiens du Pérou était urapacha, *monde d'en bas* (de ura, bas, et
pacha, *monde*), par opposition à hananpacha, *le monde d'en haut* ou
le ciel.   L. A.

(5) Ou bien *Cuyaypa* de *ccuyaypaccak*, qui veut dire *un être
digne de compassion, malheureux, misérable*.

çaient en dépôt dans les trous des rochers, convaincus que, dans une autre vie, ils devaient avoir besoin de toute la matière qui avait composé leur corps dans celle-ci.

Peut-on considérer comme idolâtres les peuples qui professaient une religion basée sur les dogmes que nous avons exposés plus haut, et qui n'adressaient leurs hommages qu'à la divinité immatérielle *représentée* par des images et rendue sensible par des *symboles,* mais *non identifiée* avec ces formes périssables. Quant au culte des pierres qui paraît avoir été établi de tout temps au Cuzco, il faut bien se garder de le considérer comme un fétichisme barbare : c'étaient des monuments commémoratifs de l'origine même de la race Péruvienne. Aussi les honorait-on comme des souvenirs, loin de les adorer comme des Dieux.

Le culte du soleil n'est vraisemblablement pas originaire du Cuzco. Il a existé au Mexique avant l'arrivée des Aztèques. Il a peut-être été apporté au Pérou par une émigration des peuples partis de la contrée d'Anahuac lorsque le culte sanguinaire de Téotl lui a été substitué dans ce pays. Quelques savants retrouvent en Amérique les deux sectes de l'Inde : celle des adorateurs de *Vichnou* et celle des adorateurs de *Çiva.* Ils prétendent que le culte Péruvien n'est autre chose que celui de Vichnou se manifestant sous la figure de *Krichna* (le soleil). Le culte barbare des Mexicains rappellerait celui de Çiva. On trouve encore une frappante conformité entre la divinité hindoue *Câli* ou *Bhâvani*, symbole de la mort et de la destruction et à laquelle on faisait des sacrifices humains et celle de *Mictlancihualt*, déesse de l'enfer, au Mexique.

Chez les Muyscas, habitants du plateau de Bogota, le grand Bochica était l'incarnation du soleil. Il réglait le temps et avait inventé le calendrier appelé *sua*, mot par lequel on désigne aussi les Européens, dans la langue Muysca, parce qu'on les considérait comme fils du soleil.

Pour en revenir à la religion du soleil établie au Cuzco à une époque ancienne, et qui demeura le culte national du Pérou pendant toute la durée du gouvernement des incas, elle avait son temple principal dans la capitale religieuse et politique de l'empire. L'astre était représenté dans une des chambres du temple, dite chambre du soleil, par une grande plaque d'or. *Ce n'était pas une idole,* dit Garcilaso, *c'était la figure du Dieu.* Elle était si grande qu'elle couvrait tout le fond de la pièce. Lors de la conquête, elle échut en partage à un certain Mancio Serra de Leguiçano, joueur effréné qui la perdit en une nuit et fut réduit pour vivre à se faire, dans la suite, alcayde de la municipalité du Cuzco.

On voyait de chaque côté de l'image d'or, les momies des rois incas, embaumés, assis sur leur chaises d'or et paraissant encore vivants, tous la face tournée vers les assistants à l'exception de Viracocha qui se trouvait vis-à-vis du disque d'or du soleil. Les Indiens, à l'approche des Espagnols, cachèrent avec soin les corps de leurs anciens rois. On n'en a retrouvé qu'un petit nombre. Cette découverte est due au licencié Paulo, en 1559.

Une autre pièce du temple était consacrée à la lune, *Mama-Colla*, qui y était représentée par une plaque d'argent figurant un visage de femme et de chaque côté de laquelle étaient les corps des reines ; Mama-Oello seule faisait face à l'image de la divinité.

Une autre pièce était consacrée à la planète de Vénus, *Chasca* (cheveux crépus), honorée comme suivante du soleil ;

Une autre, au tonnerre, *Illapa*, serviteur du soleil, espèce de trinité non représentée et rappelant à la fois le bruit de la foudre, l'éclair (1) et la foudre elle-même ;

Une autre enfin à l'arc-en-ciel, comme procédant du soleil ; il était figuré dans cette chambre. C'était le symbole de la puissance des incas qui l'auraient même, dit-on, adopté pour *blason*.

Rien, comme on le voit, dans le temple du Cuzco, qui ressemble à une idole. C'étaient de pures représentations du soleil, de la lune, de l'arc-en-ciel, et ces anciennes divinités n'étaient elles-mêmes, sous les derniers incas, que des manifestations du grand Pachacamac. Tel était le culte reconnu par l'État et enseigné aux peuples. Mais ces notions d'un Dieu immatériel, infini et éternel n'avaient pas dû péné-

(1) *L'éclair* se disait plus particulièrement *chhoqqueylla*. L A.

trer facilement dans l'esprit de la foule qui conserva toujours ses antiques superstitions.

Les prêtres du soleil, au Cuzco, étaient tous du sang royal. Dans les provinces, ils appartenaient aux familles les plus illustres. Le grand prêtre était toujours frère ou oncle de l'inca, qui lui-même avait un caractère sacré et réunissait en sa personne la puissance temporelle et spirituelle comme le grand lama du Thibet. C'était lui qui réglait les cérémonies et faisait connaître au peuple, par la voix des prêtres, ses arrêts augustes concernant la religion.

Il existait au Pérou, comme au Mexique, de nombreux couvents de vierges. Le principal était au Cuzco. On l'appelait *Aclla-Huaci* (maison des filles choisies). Elles étaient choisies en effet parmi les plus belles et les plus nobles. On les consacrait au soleil avant qu'elles eussent huit ans accomplis. Elles étaient du sang des incas et étaient considérées comme les épouses du soleil. Leur nom était *Collas*(1). Les plus âgées, véritables abbesses, s'appelaient *Mama-Cunas* (2) et faisaient l'éducation des jeunes novices comme cela se pratiquait dans le collége des Vestales de Rome. D'autres étaient chargées de pourvoir aux besoins de la maison. La règle, très-sévère, était rigoureusement observée. La claustration surtout ne pouvait, dans aucun cas, être enfreinte. L'inca lui-même ne pénétrait jamais

---

(1) De *kolla*, jeune enfant.

(2) Sans doute de *cuni, haut, élevé*, et, par suite, *ancien, vieux*. — *Mamacuna* veut dire proprement *matrone, femme de rang élevé*.

L. A.

dans la demeure des vierges. La reine et ses filles
seulement y étaient admises. La *Colla* qui manquait
à son vœu de virginité était enterrée vivante et le
coupable était pendu. Sa femme, ses parents, ses
domestiques, tous les habitants de son village ou de
son quartier subissaient le même sort ; leurs maisons étaient rasées et l'on semait des pierres à la
place. Garcilaso ajoute que l'on n'eut jamais lieu
d'appliquer ce châtiment terrible.

Après les deux portes d'entrée qui donnaient accès au couvent, on trouvait un long corridor étroit
de chaque côté duquel étaient les chambres com-
munes où les vierges se réunissaient pour travailler.
A toutes les portes intérieures étaient des *tourières*
que l'on choisissait parmi les plus éprouvées. A l'extrémité du corridor étaient les appartements des
épouses du soleil. Vingt portiers étaient préposés à
l'entrée principale : ils déposaient à la seconde entrée tous les objets introduits dans la maison, et
prenaient ceux qui en devaient sortir. Ils ne pouvaient jamais franchir cette seconde porte sous peine
de la vie.

Cinq cents filles vierges d'une condition inférieure à celle des Collas étaient commises au service de la maison.

Les occupations des Collas consistaient en différents travaux : elles filaient et tissaient tous les vêtements de l'inca et toutes les étoffes destinées au
soleil.

Elles fabriquaient le *llautu* ou coiffure de l'inca ;

elles faisaient encore l'*uncu*, ou chemisette de l'inca; le *yacolla*, manteau à deux pointes ; le *chuspa*, sac carré dans lequel on mettait la *coca;* enfin elles fabriquaient aussi les *paychas*, glands jaunes et rouges attachés à une tresse mince et longue de deux coudées. Cet insigne était réservé aux parents de l'inca (1).

Les Collas pétrissaient de leurs mains le *zancu* (2) ou pain sacré offert en sacrifice au soleil pendant les grandes fêtes de *Raimi* et de *Cittua*. Elles préparaient l'*aka*, boisson de l'inca et de la famille royale pendant ces mêmes jours de fêtes.

Tous les ustensiles qui servaient aux Collas étaient d'or ou d'argent, ces métaux étant réservés à tout ce qui touchait de près ou de loin au culte du soleil. L'inca seul pouvait accorder aux curacas ou chefs le droit de se servir de vases d'or ou d'argent.

Il y avait, attenant au couvent des vierges, un jardin artificiel comme celui qui touchait au temple du Cuzco. Les arbres et les plantes, les insectes et les oiseaux qui s'y trouvaient étaient d'or et d'argent.

Les couvents des provinces suivaient la même règle que celui du Cuzco et étaient en tout semblables; seulement les vierges étaient prises soit dans la famille royale, soit dans celles des curacas et même parmi le peuple, par faveur spéciale. On choisissait alors celles qui se faisaient remarquer

(1) Voy. au Musée des Antiquités américaines du Louvre.
(2) Les dictionnaires donnent *Çanccu*.   . L. A.

par leur grande beauté. Ces dernières étaient destinées à devenir les concubines de l'inca ; mais, pendant le temps qu'elles passaient dans le couvent, elles étaient soumises à la même règle que les autres.

Les travaux accomplis dans les couvents des provinces étaient envoyés au Cuzco, et l'inca les tenait en réserve pour récompenser ceux qu'il voulait honorer.

Les concubines de l'inca étaient attachées à la cour du Cuzco comme suivantes de la reine, tant qu'elles conservaient leur jeunesse et leur beauté ; puis on les renvoyait à leurs familles qui tenaient à grand honneur de les avoir nourries pour les plaisirs du fils du soleil.

Il existait aussi au Pérou des vierges libres, espèce de chanoinesses, vivant dans le monde et faisant vœu de chasteté. Celles qui y manquaient étaient brûlées ou précipitées vivantes dans le lac des Lions. La grand'tante maternelle de Garcilaso appartenait à cet *ordre* des vierges libres.

Indépendamment des prêtres du soleil et des Collas, il y avait au Pérou un grand nombre de prêtres inférieurs qui n'avaient évidemment aucun caractère officiel et qui, sans l'aveu de l'État, exploitaient la crédulité des particuliers. C'étaient des espèces de magiciens ou devins portant différents noms, selon l'emploi qu'ils se donnaient. Le P. Arriaga nous fait connaître plusieurs de ces devins : les *Huaca-villacs* (1) qui interrogeaient les idoles et rendaient

(1) Proprement : qui parle avec la *Huaca*.

les oracles; les *Malquivillacs* (1) qui évoquaient les morts; les *Macsas* ou *Vihas*, prêtres des Dieux familiers; les *Aucachics* ou *Ichuris*, confesseurs. Aux principales fêtes, les Indiens confessaient leurs péchés à ces devins qui leur en donnaient l'absolution. Quand l'Indien s'approchait du devin confesseur, il prononçait cette formule : « Écoutez-moi, montagnes d'alentour, plaines, condors qui volez, hiboux et insectes, car je veux confesser mes péchés. » Il apportait une petite boule rouge en pierre ou en os, que l'on appelait en Aymara *mussu*, et qui était percée d'une épine. Quand la confession était finie, le devin enfonçait l'épine jusqu'à ce qu'il eût fait éclater la boule. Si elle tombait en trois morceaux, c'était un signe que la confession était bonne; sinon, il fallait la recommencer. Quelquefois le confesseur maltraitait le pénitent pour lui faire avouer ses péchés et le soumettait à une espèce de *question*. L'absolution était accompagnée de cérémonies symboliques : le devin répandait à terre un peu de cendre provenant des sacrifices. Le pénitent soufflait dessus et recevait une petite pierre appelée *parca* ou pardon. Puis il allait se laver la tête dans le confluent de deux ruisseaux. On lui infligeait ordinairement pour pénitence de s'abstenir de sa femme pendant un temps souvent très-long, de se priver de poivre (2) et de sel. Ils étaient dans

(1) *Ayatapucs*, selon Balboa.

(2) Les Indiens ne connaissaient que le *poivre doux*, dont ils faisaient une boisson. Le piment, appelé *uchu*, était la seule épice de ce genre dont ils fissent usage.

L. A.

l'usage, pour rendre la purification complète, de se
revêtir d'habits nouveaux pensant que les péchés,
et la corruption restaient attachés aux anciens vêtements.

La confession régénérait donc le pécheur, et les
cérémonies de l'absolution étaient comme une sorte
de baptême (1).

Il existait aussi des devins appelés *Acuacs* ou
Accacs (2), chargés de préparer la boisson appelée
chica (3), (faite avec du maïs fermenté), que l'on offrait aux dieux familiers.

Venaient ensuite les magiciens chargés des différentes branches de la science augurale qui était au
moins aussi variée qu'à Rome; mais ces sortes de
devins n'avaient pas, comme chez les anciens peu-

(1) Quant au baptême lui-même, nous n'avons pas de preuve qu'il
existât au Pérou; mais il était en usage au Mexique. Dans le recueil
des manuscrits de Mendoza (premier vice-roi), conservé à la Bibliothèque impériale, on voit figurés les anciens usages de la vie domes-
tique et principalement tout ce qui avait rapport à la naissance et à
la première éducation de l'enfant. D'abord la sage-femme, en invo-
quant le dieu Ometeuctli et la déesse Omecihuatl, qui vivent dans le
séjour des bienheureux, jetait de l'eau sur le front et la poitrine du
nouveau-né, après avoir prononcé diverses prières (Voy. Clavigero,
tome II, p. 86). L'eau était considérée comme le symbole de la purification de l'âme. La sage-femme faisait ensuite approcher les jeunes
gens qui donnaient le nom à l'enfant.   E. D.

(2) *Acuacs* est évidemment un mot forgé par les Espagnols et formé
du mot *azua* que l'on écrivait aussi *açua*, et qui servait à désigner
la boisson appelée par les Indiens *aka*.   L. A.

(3) *Chicha*, et non *chica*, est le nom *créole* donné par les Espagnols
à la boisson appelée par les Indiens *aka*. Aujourd'hui le nom *créole* a
presque partout remplacé, même pour les Indiens parlant leur langue,
le nom véritablement qquichua *aka*.   L. A.

ples de l'Italie, de caractère public, et le bas peuple qui les recherchait formait plutôt autour d'eux un cortége de clients qu'une assemblée de fidèles. Les principaux empiriques de la science augurale étaient les *Socyacs* qui prédisaient l'avenir à l'aide de grains de maïs; les *Héchécocs*, au moyen de la coca; les *Pachacucs* en observant la marche d'une espèce d'araignée; les *Moscôcs* avaient en partage l'explication des songes; les *Hlacaricucs* découvraient l'avenir en observant les cochons d'Inde; les *Canchus* (1) jetaient des sorts et avaient le pouvoir de faire périr par leurs maléfices leurs ennemis ou les ennemis de leurs clients. Ils endormaient toute la maison de ceux auxquels ils voulaient nuire, y pénétraient, et suçaient jusqu'à la dernière goutte de leur sang. Ce sont les *Gettatori* napolitains.

Tous ces emplois religieux, y compris celui des confesseurs, pouvaient être exercés indistinctement par des hommes ou par des femmes. On était devin soit par héritage, soit par élection.

Balboa (2) nous fait connaître encore les *Caviacocs*, qui persuadaient au peuple qu'ils pouvaient, dans leur ivresse, découvrir les choses les plus secrètes; les *Runatinguis*, qui préparaient des philtres irrésistibles, et vendaient une espèce de talisman appelé *Huácanqui*, composé de racines de diverses plantes ou de plumes d'oiseaux. On plaçait le talis-

---

(1) Tous ces noms, excepté *Huacanqui* (*Voy.* plus bas), sont plus que douteux quant à l'ortographe; mais l'auteur les cite ainsi. L. A.

(2) Page 29.

man dans les vêtements ou dans le lit de celle qu'on voulait séduire ; enfin les *Virapircos*, qui brûlaient la graisse des victimes, et prétendaient lire l'avenir dans la fumée qui s'en échappait ; et les *Calpariculs*, sorte d'extispices qui observaient les entrailles et les autres viscères des animaux sacrifiés, et prédisaient la durée de la vie de ceux qui les consultaient.

On peut, certes, découvrir, dans tous ce qui précède, de nombreux rapports avec la science de la divination des peuples de l'ancien continent. Il ne faut cependant pas attacher trop d'importance à ces analogies ; car, s'il existe une grande conformité naturelle entre les superstitions des différents peuples du globe, c'est assurément dans le besoin universellement répandu de pénétrer l'avenir et dans l'inclination générale des hommes vers le merveilleux. Chez les nations méridionales surtout, qui sont douées d'une imagination vive et d'un esprit crédule, ce goût a été répandu de tout temps et a résisté même aux lumières de la raison et aux progrès de la civilisation. Personne n'ignore combien les Grecs et les Romains étaient curieux d'interroger l'avenir et combien la science augurale, la croyance aux oracles et la pratique de la magie étaient en honneur chez les anciens. Nous voyons aujourd'hui que ces superstitions se sont conservées chez presque tous les peuples modernes. Nous savons, d'après le témoignage de M. Huc, qu'en Mongolie, les lamas chassent les démons au moyen de l'exorcisme, scène de magie à la façon antique et à laquelle rien ne manque, pas mêmes les petites statues de pâte de Canidie ou de la magicienne de Théocrite. Il n'est pas de peuple barbare qui soit insensible à ces sortiléges et qui ne croie à la magie. M. le comte d'Escayrac de Lauture, dans son *Mémoire sur le Soudan*, nous apprend qu'il n'y a point d'autre médecine chez ces peuples que celle des magiciens et des sorciers (1).

L'étude de l'astronomie, très-perfectionnée chez les Péruviens, comme chez tous les peuples qui adoraient les astres, les avait conduits à diviser l'année en mois. Dans chaque mois se célébraient des fêtes qui revenaient à jour fixe. On trouve dans les historiens, et surtout dans Balboa, le tableau des principales fêtes. Ce sont, pour ainsi dire, des *fastes péruviens*, semblables à ceux qu'Ovide a recueillis à Rome.

Dans le mois de décembre (raymi) avait lieu la plus grande fête de l'année. Elle se célébrait dans la grande place qui précède le temple du soleil au Cuzco. On offrait à la divinité un grand nombre de lamas que l'on brûlait sur des bûchers composés de bois odorants artistement travaillés.

On sacrifiait aussi des oiseaux et toute sorte d'animaux; mais fort rarement des victimes humaines. Cet usage qui a existé longtemps chez plusieurs tribus du Pérou, a fini par disparaître entièrement sous la domination des incas. Il importe de distinguer les massacres, qui ne sont que des vengeances

(1) *Bulletin de la Société de Géographie*, 4° série, t. **XI**, janvier et février 1856, p. 58.

politiques ou des représailles de guerre, de ces sacrifices humains qui avaient, au Mexique par exemple, le caractère fixe d'une institution religieuse.
Lorsque les offrandes à la divinité étaient accomplies, on se livrait à des danses solennelles, dans lesquelles figuraient des représentants de toutes les
provinces. Ces danses, appelées *Capac-raymi*, furent
réglées par Huayna-Capac, 12ᵉ inca. Les hommes
seuls y prenaient part. Ils se tenaient par la main au
nombre de deux ou trois cents, et exécutaient une
sorte de farandole ; partant tous en même temps, ils
faisaient deux pas en avant et un en arrière, de sorte
qu'ils gagnaient toujours du terrain. En même temps
ils célébraient dans leurs chants les exploits des incas. Huayna-Capac fit faire une chaîne en or que tout
le monde tenait à la main ; elle était aussi longue
que les deux places du Cuzco, et était composée d'anneaux qui avaient tous le diamètre du bras. Les Indiens l'ont cachée soigneusement à l'époque de l'arrivée des Espagnols. Huasca signifie corde ; de là, le
nom de Huascar donné au fils aîné de l'inca.

C'était à la fête de raymi (1) que les jeunes incas
recevaient leurs armes, ou étaient «armés cheva-
liers», selon l'expression de l'historien Balboa. Les

---

(1) En *décembre* qui avait pris le nom des fêtes que l'on célébrait
pendant sa durée. Cependant il faut dire que le mot *raymi* signifiait
en général *fête* ou *grande fête*, d'où il faut conclure que le *raymi*
était la fête par excellence, que l'on désignait par la seule qualification
la fête, et que les autres étaient désignées par le mot de *raymi* joint
à quelque autre qualification spéciale, telle que *Inti raymi*, *fête du
Soleil*. -   L. A.

vieillards, chargés de leur éducation, les préparaient
à cette solennité en les fouettant avec des frondes et
en leur frottant la figure du sang des victimes. Les
personnes étrangères au Cuzco ne pouvaient assister à ces cérémonies de l'armement; elles s'éloi-
gnaient pour un temps et revenaient aussitôt que
ces rites étaient accomplis. Le jour fixé pour leur retour, elles étaient invitées à un festin composé de
pain pétri par les femmes du Soleil avec le sang des
victimes. C'était, en quelque sorte, le signe de l'alliance conclue entre l'empereur et les chefs des tribus. Ce repas sacré rappelait de loin la cérémonie
mexicaine qui consistait à partager entre les assistants une idole de pâte, composée de sang humain,
de farine et d'huile, dont chacun mangeait un morceau.

Dans le mois camay (1) (janvier), on accomplis-
sait de nombreux sacrifices. Les cendres des victimes
étaient jetées dans les ruisseaux qui entraînaient
ainsi dans leurs cours tous les péchés de la nation (2),
de même que le bouc émissaire des Hébreux les em-
portait dans le désert.

Dans le mois *hatun-pucuy* (février), on sacrifiait
une hécatombe de lamas, ainsi que dans les deux
mois suivants, *ingalamo-pachapucuy* (mars) et *ari-
guaquiz* (avril).

Dans le mois *hatuncuzqui-aymoraï* (mai), l'on célébrait beaucoup de rejouissances à l'occasion de la

_____

(1) Se dit aussi *kollapucuy*.　　　　　　　　　　L. A.
(2) Balboa, p. 124 et suiv.

récolte du maïs. Elles avaient lieu surtout dans les jardins du Soleil, sur la terrasse *Collcampata* (les cultures des Péruviens, dans les montagnes, étaient presque toujours disposées en terrasses). Pendant ces fêtes, on était dans l'usage de s'enivrer avec la *chicha* ou *aka*, et l'on répétait en chœur des chants appelés *âymoraï;* puis, on immolait des lamas de diverses couleurs. Le Père Arriaga donne à cette fête le nom de *Ayrihuanita* à cause de la danse *ayrihua,* qui res semblait assez à nos divertissements de carnaval. Elle était accompagnée de toute sorte d'instruments, et les hommes prenaient différents déguisements, se mettant les uns des têtes de cerfs, les autres des croissants d'argent ou *chacrahincas.*

Au mois d'*aucay-cuzqui* (juin), avait lieu la fête du soleil appelée *Inti-raymi.* On fabriquait des statues d'hommes et de femmes grossièrement sculptées et on les couvrait de riches vêtements ; on répandait ensuite des fleurs devant les temples; puis on immolait cent lamas sauvages, l'inca, avec les chefs des tribus, exécutait lui-même une danse appelée *cayo.* C'était vers la fête-Dieu, dit le P. Arriaga, que se célébrait la fête *oncoy* en l'honneur des pléiades.

Pendant le mois *chaqua-guarquiz* (juillet), on immolait cent lamas tachetés.

Pendant le mois *yapaquiz* (août), on immolait cent lamas bruns et l'on brûlait mille *cuyes* ou cochons d'Inde, pour obtenir d'abondantes récoltes. C'était la fête dès *ambarvalia* à Rome ou des *rogations* chez les catholiques.

Dans le mois *coya-raymi* (septembre), on célébrait entre autres grandes fêtes, celle de *pitua*.

Toutes les *idoles* étaient réunies dans une place, avant le lever de la nouvelle lune. Aussitôt qu'elle paraissait à l'horizon, les Indiens poussaient de grands cris en disant : « que le mal s'en aille ! » puis ils se frappaient les uns les autres avec des brandons de paille enflammés qu'ils nommaient *pancones* (1). Ils allaient ensuite se laver à un ruisseau ou à une fontaine, et après cette ablution, ils immolaient cent lamas à laine blanche. Ils s'enivraient ensuite pendant quatre jours et mangeaient des gâteaux que les Collas avaient pétris avec le sang des victimes. On en donnait un morceau à tous les étrangers, et l'on en envoyait à tous les curacas de l'empire.

Dans le mois *oma-raymi-puchacquiz* (octobre), on sacrifiait une hécatombe de lamas. Puis, si la terre souffrait trop de la sécheresse, les prêtres prenaient un de ces animaux, lui attachaient les quatre pieds et le portaient au milieu d'une plaine. Là, ils chantaient un cantique dont le sens était inconnu au vulgaire. Ensuite ils répandaient de la *chicha* autour du lama, et le laissaient en ce lieu sans lui donner aucune nourriture jusqu'à ce qu'il tombât

(1) Ce mot est évidemment un pluriel espagnol composé du mot *ppancca* qui veut dire *la feuille du maïs* qui enveloppe l'épi. De ce mot on aurait fait l'augmentatif *pancon*, *grosse feuille de maïs, paquet de feuilles de maïs* (ce qui est parfaitement dans l'esprit ae la langue espagnole) ; et au pluriel, *pancones, paquets de feuilles, torches*, quand il s'agit de feuilles qui servent à brûler.   L. A.

de la pluie. On invoquait aussi le tonnerre pour lui demander la fin de la sécheresse (P. Arriaga).

C'était pendant le mois *aya-marca-raymi* (novembre), que l'on perçait les oreilles aux jeunes gens qui devaient recevoir les armes dans le mois suivant.

Huayna-Capac établit la cérémonie du sevrage des premiers nés. Les incas héritiers du trône n'étaient sevrés qu'à l'âge de deux ans. On leur coupait les cheveux et on leur imposait un nom. Tous les parents étant réunis, on choisissait parmi eux le parrain de l'enfant. C'était lui qui donnait le premier coup à sa chevelure avec un couteau en silex. Tous les parents coupaient une mèche de cheveux jusqu'à ce que l'enfant fût entièrement tondu. On lui offrait des présents consistant en vêtements, bétail, armes, vases d'or et d'argent. Après l'offrande, on buvait et l'on chantait jusqu'à la nuit. Ces cérémonies, qui duraient quatre jours, avaient lieu pour les premiers nés de toutes les familles, mais l'offrande des vases d'or et d'argent était réservée à l'héritier du sang royal dont le parrain était, de droit, le grand prêtre du soleil.

II. *Gouvernement et administration.* Nous avons vu que l'empire du Pérou se divisait en quatre parties d'après les quatre points cardinaux, et que cette division s'étendait aux pays conquis aussi bien qu'aux pays à conquérir ; c'est-à-dire à la terre entière.

Toute la population était divisée en décuries.

Parmi les dix individus qui la composaient, le gouvernement en choisissait un qui était le chef des neuf autres. Cinq décuries avaient à leur tête un décurion; dix décuries, un décurion d'un ordre supérieur; cinquante décuries, un chef qui commandait ainsi à cinq cents hommes; deux compagnies de cinq cents hommes, un général. La plus petite division était donc de dix hommes ; la plus grande, de mille.

Le décurion avait deux devoirs à remplir envers ses administrés : 1° Il devait les assister dans tous leurs besoins, leur faire distribuer des semences, de la laine, faire réparer leurs maisons; 2° Il devait s'instruire de tous les délits et de tous les crimes commis dans sa décurie et en faire le rapport à ses supérieurs. Il envoyait le coupable devant le magistrat de tel ou tel degré suivant la gravité du manquement. Dans tous les centres importants de population, était un juge suprême qui prononçait en dernier ressort. Quand il s'agissait de différends survenus entre des provinces, l'inca désignait un juge spécial. Le décurion qui ne remplissait pas fidèlement sa charge et ne dénonçait pas les délits commis dans sa décurie était puni comme le coupable. Grâce à un si bel ordre, il n'y avait ni fainéants, ni vagabonds. Il n'existait pas de peines pécuniaires, et la peine de mort était réservée aux grands crimes. La loi avait donc un caractère vraiment moral. Le coupable ne pouvait pas composer avec l'offensé comme chez les peuples de l'ancienne

Germanie, et la société outragée ne se vengait point sur sa personne, mais elle exigeait une réparation de l'offense au nom de la loi.

Sous le rapport politique, chaque province était administrée par un *curaca* ou chef. C'est improprement que plusieurs historiens Espagnols désignent le chef sous le nom de cacique, appellation réservée aux peuples Caraïbes des Antilles.

Pour chacun des quatre grands districts, il y avait des conseillers de guerre, de finance, de justice, présidés par un vice-roi, délégué par l'inca. Les vicerois devaient être du sang royal et formaient à eux seuls le conseil d'État du Cuzco. Tous les emplois supérieurs étaient, autant que possible, confiés à des parents de l'inca. Les fonctions subalternes étaient laissées aux indigènes.

Lorsqu'un peuple était soumis par les armes de l'inca ou des chefs militaires qu'il avait désignés pour le commandement des armées, il recevait la loi religieuse du Cuzco, et était placé dans la même condition politique et civile que les anciens sujets de l'empire.

Le gouvernement des incas paraît avoir été assez débonnaire, aussi les révoltes étaient-elles fréquentes. Nous les voyons souvent recommencer les mêmes expéditions, et soumettre plusieurs fois les nations déjà vaincues. Lorsque leur longanimité était poussée à bout, ils avaient recours à la *transportation* en masse des peuples rebelles, comme cela avait lieu chez les Romains. C'est ainsi que plu-

sieurs tribus de la côte furent contraintes de s'ex-
patrier et de s'établir dans la Cordillère où les nouveaux colons recevaient des terres à proximité de la
capitale. Ils prenaient alors le nom de Mitimaès ou
plutôt Mitticak (celui qui s'enfuit ou qui s'éloigne).

III. *Vie civile. Usages.* Le mariage n'était, à proprement parler, qu'une cérémonie civile. C'est l'inca
qui, tous les deux ans, mariait les jeunes filles du
Cuzco. Il fallait qu'elles eussent au moins dix-huit
ans, et les garçons vingt-quatre. Il faisait approcher
successivement un jeune homme et une jeune fille,
leur joignaient les mains et le mariage était con-
clu. Pour chaque ménage nouveau, l'on construi-
sait une maison, et les parents fournissaient le
mobilier. Les noces, célébrées chez les parents de
l'époux, duraient de quatre à six jours. L'inca mariait les curacas avec les filles d'autres curacas
qu'il demandait comme pour lui-même. Quelquefois aussi il leur donnait pour épouses ses filles naturelles. Dans les provinces, c'étaient les curacas
de chaque district qui faisaient les mariages. Les
habitants d'une province ne pouvaient contracter
d'alliance avec ceux d'une autre province. Autant
qu'il se pouvait, on se mariait dans sa décurie et
même dans sa famille. On ne pouvait changer sa
résidence, de sorte que les tribus ne se mêlaient jamais, et que les nationalités subsistèrent après la
conquête des incas. C'est ce qui explique comment
les révoltes étaient continuelles.

L'héritier du sang royal devait épouser sa sœur

aînée, et, à défaut de sœurs, sa plus proche parente. S'il n'avait point d'enfant de la première, il épousait la seconde, puis la troisième; aussi les sœurs de l'inca était-elles réservées à la couche royale; personne ne pouvait prétendre à leur alliance.

La dignité des curacas était héréditaire. Quand ils n'avaient pas de fils, elle passait à leurs frères. L'inca avait un grand nombre de concubines; ses enfants naturels formaient le second degré des princes du sang royal.

Une loi défendait aux veuves de se remarier si elles avaient des enfants. Si elles n'en avaient pas, elles pouvaient contracter une autre alliance après un an de veuvage. Le frère du défunt était tenu, comme chez les juifs (1), d'épouser sa belle-sœur (2).

L'éducation des enfants était très-soignée. Ils étaient soumis à une sévère surveillance.

Les femmes mariées filaient et tissaient, mais elles cousaient peu. Les hommes s'occupaient de la culture de la terre. Dans quelques provinces les femmes partageaient ces travaux pénibles.

L'usage de la monnaie était ignoré au Pérou. Les transactions commerciales consistaient en échanges. On ne vendait pas la terre; l'inca était, comme le pacha d'Égypte, l'unique propriétaire du sol. Il le donnait en investiture aux habitants, et ceux-ci

(1) Deutéronome, c. XXV, 5.
(2) Torquemada, l. XII, c. 4 et 9.

n'étaient à proprement parler, que ses vassaux ou ses fermiers. On ne vendait pas d'habits, ils étaient fabriqués dans les maisons de chaque particulier pour l'usage de la famille.

Les fils ou *quipos* (1) servaient à faire les comptes. Il y en avait de différentes couleurs, et tous avaient leur signification. Les nœuds représentaient des nombres. Les fils jaunes étaient employés pour les comptes relatifs à l'or ; les blancs, pour les comptes relatifs à l'argent ; les rouges servaient pour le dénombrement et les répartitions des gens de guerre. Il y avait des Indiens préposés aux *quipos*. C'étaient des espèces d'agents comptables.

IV. *Sciences.* De toutes les sciences la plus perfectionnée était l'astronomie. Les Péruviens connaissaient l'année solaire de 365 jours, ainsi que la division en 12 mois. Ils étaient même plus avancés sous ce rapport que les Mexicains qui divisaient l'année en 18 mois. Ils avaient étudié avec soin les phases de la lune, et avaient aussi une année lunaire correspondante à la révolution de 354 jours 8 heures et 48 minutes. Pour la faire coïncider avec l'année solaire, ils ajoutaient 11 jours, qui étaient répartis dans les 12 lunes. D'après un édit de l'inca Pachacutec, il y avait trois fêtes régulièrement espacées dans chaque mois lunaire. C'était en même temps des jours de foire ou de marché, pendant lesquels on devait faire trêve à toute espèce de travaux. Ce temps de repos tombait tous

(1) *Qquipu*, quipo est le nom espagnolisé.

les 9 jours comme les *nondines* des Romains. C'est donc par erreur que Garcilaso dit que les Péruviens connaissaient la semaine de 7 jours, d'après la révolution lunaire. Le P. Acosta a fort bien remarqué que la petite période de 7 jours ne correspond pas exactement aux phases de la lune, mais que notre semaine tire son origine du nombre des planètes.

L'année s'appelait *huata*, mot qui dérive évidemment du verbe *huatani*, lier. Or, chez les Indiens, le demi-siècle de 52 ans était figuré par l'hiéroglyphe d'un paquet de roseaux liés ensemble au moyen d'un ruban.

Il y avait huit tours à l'ouest du Cuzco et huit à l'est. Chacune de ces huit tours était placée à 18 ou 20 pieds l'une de l'autre. Elles indiquaient le point où le soleil paraissait et disparaissait à l'horizon, à l'époque du solstice (1). Ces tours étaient encore debout en 1560, et les débris en subsistent même aujourd'hui.

Pour vérifier les équinoxes, les prêtres avaient disposé dans les cours des temples du Soleil des colonnes richement sculptées. Quand l'équinoxe approchait, ils observaient l'ombre que projetaient les colonnes. Elles étaient placées au centre d'un grand cercle partagé, de l'est à l'ouest, par une ligne dont l'expérience leur avait indiqué la direction exacte. Lorsqu'ils voyaient que l'ombre prenait cette ligne par le milieu et qu'à midi la colonne ne projetait

(1) Pedro de Cieça, c. 92; P. Acosta, l. VI, c. 3.

plus aucune ombre, ils annonçaient que c'était le
jour de l'équinoxe. Alors ils ornaient ces colonnes
de fleurs et plaçaient dessus la chaire du Soleil. Les
Amautas avaient remarqué qu'à mesure que les conquêtes des incas s'étendaient vers le nord, l'ombre
projetée par les colonnes que l'on dressait dans les
nouveaux temples diminuait de plus en plus. Ils en
conclurent que ces résidences, et surtout le Quito,
étaient plus agréables au Soleil. Les éclipses de soleil
étaient regardées comme un signe de la colère céleste; celles de lune leur faisait craindre que cet
astre ne *mourût*. Aussi cherchaient-ils à le *rappeler
à la vie* en sonnant de la trompe, en battant le tam-
bour et en frappant les chiens pour les faire aboyer.
Car la lune aimait les chiens comme la triple déesse
des Romains.

V.

MONUMENTS DU PÉROU.

Les monuments du Pérou diffèrent de ceux du
Mexique autant par l'ensemble que par les détails.
La forme pyramidale, si répandue au Mexique, se
retrouve cependant au Pérou; mais, dans le premier de ces deux pays, elle caractérise les édifices
religieux de tous les temps; dans le second, elle
semble n'avoir marqué qu'un âge dans l'histoire de
la civilisation. La statuaire, si l'art grossier (1) qui

(1) On est frappé de l'imperfection des statues dans l'art mexicain
et péruvien. Il semble que ces peuples de l'Amérique aient conservé

a présidé à la sculpture des idoles trouvées en Amérique mérite ce nom, offre quelque analogie entre les monuments de l'Amérique centrale et ceux de Tyahuanaco, au Pérou. Les constructions cyclopéennes sont très-répandues dans l'Amérique méridionale, et marquent, d'une manière sensible, l'enfance de l'art dans les âges reculés. L'on a lieu de s'étonner que M. de Humboldt, qui a voyagé dans le Pérou, n'en ait pas rencontré (1). C'est un des traits les plus frappants de l'histoire de l'art dans ce pays.

L'ornementation et les poteries présentent chez les Péruviens une remarquable originalité, et ne peuvent être comparés à la céramique d'aucun autre pays. La sculpture des bas-reliefs rappelle, quant aux procédés seulement, celle de l'ancienne Égypte. Les reliefs ménagés dans le creux de la pierre, fouillée alentour, ne présentent jamais de saillie sur le plan général de la surface ; mais le dessin des silhouettes, leur disposition et leur caractère, aussi bien que les caprices bizarres de l'ornementation, n'offrent aucune ressemblance avec les monuments égyptiens.

I. *Le Cuzco*. Nous commencerons cet exposé archéologique, nécessairement très-rapide, comme

aux monuments ces formes primitives avec intention. M. de Humboldt a remarqué judicieusement que la superstition populaire n'avait apparemment rien voulu changer au caractère sacré qui était attaché à ces idoles grossièrement sculptées, et il explique de cette façon comment la statuaire était restée stationnaire malgré les progrès que la civilisation avait fait faire aux autres branches de l'art. E. D.

(1) Vue des Cordillères, t. II, p. 108.

doit l'être toute description de monuments qui n'est
pas accompagnée de planches, par les édifices du
Cuzco, dont il ne reste malheureusement que de
rares débris. Des constructions récentes ont été
élevées sur les ruines de la capitale des incas. La
ville moderne est entièrement bâtie sur les assises de
l'ancienne. L'église Saint-Dominique occupe l'emplacement du grand temple du Soleil, dont Garcilaso a vu les restes augustes, presque disparus
aujourd'hui. Les substructions de l'église et du couvent des dominicains sont composées de murs de
pierres très-bien taillées, qui appartenaient au
temple. Le vaisseau même de la chapelle principale
correspond à la pièce qui renfermaït l'image du soleil. Ce temple était recouvert en bois et en chaume
comme tous les édifices du peuple indigène, même
les plus splendides. Les Péruviens, aussi bien que
les Mexicains, ont toujours ignoré l'art de construire
des voûtes. Ils ne connaissaient pas la forme cin-
trique; on n'en trouve, du moins, qu'un seul exemple, à Tyahuanaco, encore n'est-elle appliquée qu'à
des niches de très-petite dimension. Les toits affec-
taient, le plus souvent, la forme pyramidale. On
raconte que, lors de la construction de la première
église espagnole à Mexico, les indiens refusèrent de
travailler à la voûte, dans la crainte d'être écrasés
sous sa chute. Il faut ajouter qu'on a trouvé, sous
le sol, dans le sud du Mexique, une voûte en forme
de cône, terminée à son sommet par un conduit
vertical. Ce monument, dont l'usage est inconnu,

rappelle, quant à l'ensemble, le fameux trésor d'A-
trée à Mycène (1). On ne peut considérer comme
un cintre le grand trèfle trouvé à Palenqué, et qui
présente une remarquable analogie avec le couronnement des portes des mosquées, en Turquie et en
Perse.

Les murs de l'appartement du soleil avaient un
revêtement d'or (2). La porte principale était au
nord. Il existait plusieurs autres portes qui avaient
également un revêtement d'or sur le tympan. Mais
la pièce réservée au soleil ne formait qu'une petite
partie du temple, qui était immense. Il était composé de quatre grands corps de bâtiments, qui
devaient ressembler à un vaste cloître carré. Les
appartements du soleil en occupaient tout un côté.
Les trois autres étaient réservés aux divinités inférieures. La pièce consacrée à la lune était la plus
voisine du soleil. Les murs étaient garnis de plaques
d'argent. La troisième pièce était celle des étoiles, et
avait des revêtements également en argent. La voûte
figurait, en effet, un ciel tout parsemé d'étoiles
d'argent. La quatrième pièce était celle du tonnerre,
et la cinquième celle de l'arc-en-ciel, représenté en
peinture sur un fond d'or.

Venait ensuite l'appartement du grand pontife
et des prêtres, qui n'y couchaient jamais et n'y
prenaient point leurs repas. C'était une espèce de

(1) *Voy.* Kingsborough, vol. IV, fig. 34.
(2) C'est d'après la description de Garcilaso que nous rapportons ces
détails.

salle de conseil. Elle était toute revêtue d'or à l'intérieur.

A l'époque où Garcilaso habitait le Cuzco, toutes ces chambres existaient encore, sauf celles de la lune et des étoiles.

A l'extérieur étaient quatre tabernacles dans l'épaisseur des murs. Ils étaient figurés par des niches, avec des revêtements d'or.

Outre les six grands appartements que nous avons mentionnés, il y avait un grand nombre de petites pièces pour les prêtres.

Les fidèles n'entraient jamais dans l'enceinte du temple. Les sacrifices avaient lieu tantôt dans une cour tantôt dans une autre, et les grandes fêtes se célébraient sur la place qui précédait le temple. Il y avait cinq fontaines où on lavait les vases sacrés, et qui étaient alimentées par des conduits en or. Garcilaso les a vues.

Les autres temples du soleil, dans les provinces, étaient tous faits sur le modèle de celui du Cuzco.

Attenant à ces vastes édifices et au palais de l'inca, était un jardin tout rempli d'arbres, de plantes et d'animaux imités en or et en argent. Ces deux métaux étaient employés, avec une égale profusion, dans la demeure de l'inca. Tous les ans, aux principales fêtes, on apportait de toutes les provinces, au Cuzco, une immense quantité d'or et d'argent, et si l'on considère que ces matières précieuses étaient exclusivement réservées au soleil et à l'inca, on concevra facilement quelles richesses les Espagnols trouvèrent accumulées dans cette ville. Aussi le quartier où se trouvaient le temple et le palais s'appelait-il *Coricancha* ou quartier de l'or.

Il existait des temples du soleil dans toutes les grandes provinces et dans tous les lieux consacrés par quelques pieux souvenirs : ainsi, l'un des plus connus se trouvait dans l'île du lac Titicaca, située à cinq portées d'arbalète du rivage. C'est la Délos du Pérou. La légende rapporte que c'est en ce lieu que le soleil déposa ses deux enfants. Le temple que l'on avait élevé en cette île était le plus riche de toute la contrée. Les offrandes qu'on y apportait étaient aussi considérables que celles qu'on faisait au temple de la capitale.

Il ne reste rien de la maison des vierges, au Cuzco (1).

On voit sur les hauteurs qui dominent la ville les ruines des anciennes fortifications. Elles étaient encore assez bien conservées au temps de Garcilaso. La forteresse était sur la crête de la montagne qui s'élève au-dessus du Cuzco. Elle était entourée de trois murs formant hémicycle du côté de la ville, et de trois autres murs également semi-circulaires, mais d'un plus grand diamètre du côté de la plaine. Toutes les pierres sont à peu près d'égale grandeur dans la partie inférieure formant les assises des murs. Elles sont unies entre elles, dit Garcilaso, par

(1) Ce serait, au dire des habitants, sur l'emplacement du couvent des vierges qu'aurait été construite la prison dont tout l'étage inférieur, ou rez-de-chaussée, est de construction indienne. L. A.

un ciment rouge très-adhérent (2) ; mais dans lequel
il n'entre ni plâtre ni sable. Les trois murs qui re-
gardent la plaine ont environ 300 brasses de long,
et sont séparés l'un de l'autre par un intervalle de
30 à 40 pieds. Le mur extérieur est beaucoup plus
solide que les deux autres, et les pierres en sont
plus épaisses. Tous trois sont percés d'une porte
dans le milieu. La porte du premier s'appelait *porte
du sable;* celle du second rappelait le nom de l'archi-
tecte de la forteresse ; la porte du troisième mur
s'appelait *Viracocha.* Dans l'espace embrassé par
cette triple rangée de murailles, s'élevait une tour
ronde, décorée avec luxe, et réservée à l'inca. De
chaque côté étaient deux grandes tours carrées pour
les soldats. Les portes, comme presque toutes celles
des édifices péruviens, avaient la forme égyptienne
d'un trapèze allongé.

A quelque distance de la forteresse, sur le plateau, se trouve une pierre énorme que l'on appelle
la *pierre fatiguée.* Les Amautas racontaient, à l'é-
poque de la conquête espagnole, que l'on avait
employé 20,000 Indiens à la transporter en ce lieu,
au moyen de cordes. 10,000 hommes la tiraient et
10,000 la retenaient, par derrière, aux descentes ;
mais elle ne fut pas maintenue assez solidement, et,

(2) Je ne crois pas que cela soit exact, jamais les Indiens n'employaient le *ciment* dans les constructions dont les pierres étaient *taillées,* et dans celles qui étaient faites de pierres brutes le *centre* seul
des murs était rempli avec de la terre. C'est précisément l'absence de
ciment qui rend si merveilleuse la durée des constructions faites en
pierres taillées.   L A.

dans une pente rapide, elle écrasa plusieurs centaines d'Indiens. De là venait la tradition qu'elle
avait sué du sang. On remarque, à l'une de ses
extrémités, deux trous qui paraissent avoir été pra-
tiqués pour qu'on y pût passer des cordes. Une
portion considérable de cette pierre est enfouie
dans le sol. On ne sait quel en était l'usage. Les
pierres étaient, comme nous l'avons dit, l'objet
d'une vénération toute particulière chez les Péruviens. La race humaine formée de pierres, les frères
de Manco-Capac changés en pierres, les combattants
tirés des pierres et suscités miraculeusement par
Viracocha, dans le grand combat qui avait eu lieu
sous les murs du Cuzco; tous ces souvenirs expliquent ce culte, à la fois religieux et patriotique.
Mais on ne peut dire en quoi il consistait, ni jusqu'à
quelle époque il a persisté. Il est probable qu'il
était tombé en désuétude sous les derniers incas;
cependant on voit encore de ces monolithes mons-
trueux à Ollantai-Tambo, dont la construction ne
remonte pas au delà du 8e inca. Quant à la pierre
du Cuzco, on peut douter qu'elle ait jamais été
l'objet d'un culte; ce qui paraît assuré c'est qu'elle
n'était pas arrivée à sa destination dans le lieu où
on la voit encore.

Nous trouvons au Pérou un grand nombre de
pierres qui ont dû servir, comme les *dolmens* drui-
diques, à des sacrifices humains. Mais ces pratiques
barbares doivent remonter à une époque antérieure
aux incas. Il est très-probable que c'est à partir de

leur domination qu'on substitua à cette coutume
sanglante la simple vénération des pierres.

II. *Concacha.* On trouve à 3 lieues au sud d'A-
bancay, sur la route de Lima au Cuzco ; dans un
bois, près d'un lieu appelé *Concacha*, une de ces
pierres curieuses, qui témoignent évidemment de ce
culte sanguinaire. Elle mesure 6^m,19 de long sur
4^m,38 de large. Deux gradins, qui semblent
avoir servi de sièges, ont été creusés sur une des
faces latérales. A côté de ces gradins est taillé, dans
la pierre, un petit escalier qui conduit sur le sommet
formé d'une surface à peu près plane. Cet escalier
ne part pas de la base du monument, mais du tiers
de sa hauteur environ, ce qui donne à penser qu'il
était enterré jusqu'au niveau de la première marche.
On a creusé sur le sommet plusieurs bancs. Deux
sièges sont taillés sur le côté du nord, et un sur
celui de l'est. Le côté du sud présente des rigoles
creusées dans la pierre et très-bien accusées. Elles
se rendent par une pente, d'abord insensible, puis
bientôt plus rapide, à deux cavités qui ont l'apparence de réservoirs, et à la fois de déversoirs. On voit
encore, sur la surface horizontale du sommet, huit
petits trous ou godets, creusés en ligne et sans aucune
communication entre eux. Ces godets, les rigoles
qui sont sur un plan inférieur, et qui aboutissent à
des déversoirs, forment tout un appareil pour l'écou-
lement du sang des victimes. Ce sang devait être
recueilli dans des vases placés au-dessous des déversoirs. Le peu de régularité de cette disposition

s'accordait probablement avec un système calculé,
conformément à la science augurale. La direction
que prenait le sang dans ces différents sillons devait
être interprétée par les prêtres, qui en tiraient sans
doute des présages. On ne peut affirmer, d'après la
seule inspection de ce monument, qu'il dût servir
aux sacrifices humains : mais on ne peut nier, toutefois, qu'il n'ait été arrosé du sang des victimes,
quelles qu'elles fussent. Or, si nous rapprochons de
cette description, et du dessin que M. Angrand a
levé de ce monument, les récits des historiens espagnols et de Garcilaso lui-même, nous ne pouvons
guère douter que cette pierre n'ait servi aux sacrifices humains avant le dernier âge de la domination
des incas. On remarque autour de ce monument
d'autres monolithes affectant la forme d'immenses
sièges. Concacha était évidemment un des grands
centres religieux des peuples primitifs du Pérou;
et, comme il arrive toujours, il aura retenu quelque
chose de son caractère sacré à l'époque des incas, et
n'aura pas cessé d'être fréquenté par les fidèles du
nouveau culte, comme la Caaba de la Mecque après
Mahomet. On voit, à quelque distance de la pierre
des sacrifices, un édifice que l'on appelle le *palais
de l'inca*, mais qui paraît plutôt avoir été un temple
précédé d'une grande cour. Près de là sont des
marches de pierres taillées et engagées entre deux
murs. Ces degrés n'ont pu servir d'escalier, et semblent avoir été disposés pour recevoir des eaux et former une cascade artificielle. Les monuments, dont

M. Angrand a levé les dessins et les plans, permettent de faire cette remarque générale sur le caractère de la civilisation péruvienne, que ces peuples
aimaient les eaux, la fraîcheur et le murmure des
cascades; goût qui ne se rencontre d'ordinaire que
chez les hommes d'un esprit délicat et cultivé. On
ne s'attend guère, en effet, à trouver chez une nation
qui ignorait l'écriture, et que les Espagnols trai-
taient de barbare, les mêmes inclinations que chez
un Mécène et un Lucullus, et des travaux artificiels,
qui, tout rustiques qu'ils sont, n'en rappellent pas
moins les agréments de nos jardins royaux.

Dans la cour qui précède le temple de Concacha
se trouve une pierre dont la forme est presque circu-
laire. De la base au sommet elle mesure 2^m,25; en
longueur, elle a 4^m,07; en largeur, 3^m,02. La surface supérieure est seule sculptée, et présente un
grand nombre de reliefs très-variés, offrant l'aspect
d'une montagne avec ses ravins et ses lacs, d'édifices
et de routes; on y voit une foule d'ornements et d'animaux symboliques : des lions, des ours, des singes,
des lézards, des grenouilles. L'originalité de ce
monument en fait une des pièces les plus curieuses
de la collection de dessins de M. Angrand. L'aspect
en est agréable. Cette profusion de figures rapprochées, sans harmonie apparente, sans aucune symé-
trie; ce désordre et cette confusion même présentent
à l'œil un tableau d'une grande richesse et qui produit
une impression assez semblable à celle qu'on éprouve
en présence d'une œuvre de Bernard Palissy. Cette

pierre ne paraît pas, d'ailleurs, avoir eu de destination sacrée. On peut affirmer, tout au moins, que
ce n'était pas une idole. Elle semble avoir été une
fontaine, l'eau sortant par le point culminant, cou-
lant par les anfractuosités creusées sur la pente, et
s'écoulant à la circonférence par des trous au nombre
de *trente*. On serait donc tenté de croire que c'était
simplement un monument de luxe. Les jets d'eau
seraient retombés sur les reliefs taillés dans la pierre,
et auraient donné ainsi naissance à mille petites cascades, dont l'effet devait être fort agréable à l'œil.

III. *Villca-Huaman.* A moitié chemin entre Gua-
manga et Andahuayllas, dans la chaîne de montagnes qui sépare ces deux villes, on trouve en un
lieu très-isolé, à une demi-lieue environ des ruines
très-importantes dont nous parlerons bientôt, une
roche inclinée, suivant la pente de la montagne, et
terminée par un rebord en saillie, formant un res-
saut perpendiculaire. On a creusé dans cette roche
un godet d'où part une rigole de 0^m,03 de largeur
et d'autant de profondeur. Elle bifurque à 0^m,25
du godet, et chacune des deux rigoles formées à
partir de ce point figure différents zigzags. Cette
pierre, qui paraît avoir servi aux sacrifices humains,
ne présente aucun ornement et semble appartenir
aux plus anciens âges religieux de l'histoire péruvienne.

A quelque distance de là se trouvent les ruines
importantes dites *palais de l'inca.* Ce palais, sur
l'emplacement duquel on a élevé une église moderne,

était entouré de trois murs formant terrasses les
uns au-dessus des autres, et ayant chacun 2^m,50
environ de hauteur. Ces trois murs sont de construction cyclopéenne. Les pierres qui en forment
les arêtes sont seules taillées à angle droit. Le mur
inférieur est crénelé, et les créneaux sont à des
distances inégales. Dans le mur qui enferme la
terrasse du milieu on a ménagé des niches en forme
de guérites, entre chacune desquelles sont d'autres
niches plus petites, qui ne partent pas du sol et
ressemblent à de fausses fenêtres. La forme de ces
niches rappelle les portes des temples de l'Égypte ;
c'est-à-dire qu'elles présentent la figure d'un trapèze allongé, car, sur une hauteur de 2^m,13, elles
ont 1^m ou 0^m,95 à la base, et 0^m,80 seulement au
sommet. Le faîte du troisième mur est de niveau
avec le terre-plein sur lequel l'église est construite.
Les fondations jusqu'à une hauteur de 2 à 3 mètres,
suivant les endroits, sont de construction indienne,
ainsi que deux des portes de l'église. Dans la porte
principale de cette église on voit un ornement qui
provient des anciennes constructions. C'est une *dent-
de-scie* qui rappelle les moulures romanes de nos
églises normandes et saxonnes.

Près de là se trouve un temple primitif, dont la
forme pyramidale présente une analogie curieuse
avec les téocallis mexicains. Il est formé de quatre
gradins, dont l'inférieur a 27^m de face sur 23^m,73 de
côté, et le supérieur, 17^m,50 de face sur 14^m,90 de
côté. On arrive au sommet de ce téocalli par un

escalier de vingt-neuf marches. L'élévation du monument est de 10ᵐ. Les sacrifices se faisaient sur le
sommet qui est à ciel ouvert. Cette disposition n'a,
par conséquent, rien de commun avec celle des
pagodes de l'Inde, dont la forme est également
pyramidale, ni avec les tombeaux des rois d'Égypte,
ni avec le temple de Bélus, à Babylone, puisque
l'usage de ce téocalli était évidemment extérieur.
Derrière ce monument l'on voit de grandes constructions qui ont dû appartenir à l'époque des incas.
On en ignore la destination. Peut-être étaient-ce
des espèces de greniers ou lieux de dépôt, comme
nous voyons qu'il en existait dans les diverses provinces, d'après le témoignage des historiens. Plus
loin encore sont les ruines d'un vaste édifice, composé de plusieurs chambres ou cellules, et que l'on
pourrait prendre pour des couvents de vierges, si
l'on se reporte à la description que Garcilaso donne
de ces établissements. On a trouvé, au sommet du
monument, deux sièges taillés dans un seul bloc de
pierre, et trois autres sièges monolithes, destinés à
une seule personne. Le premier est encore à peu près
en place; les autres ont été descendus et placés à la
maison de ville, bâtie au pied du temple, dont tout
le sommet a été fouillé dans l'espérance d'y trouver
des trésors.

IV. *Choccequirao.* En face de Concacha, de l'autre
côté de l'Apurimac, s'élève, dans les aspérités les
plus escarpées de la Cordillère, la fameuse ruine de
Choccequirao, la retraite la plus inaccessible et la

plus sauvage qui ait jamais été. Cette demeure royale a été construite au-dessus de l'Apurimac, sur le versant et sur la crête du contre-fort d'un glacier entouré de précipices. A Concacha l'on n'en est éloigné que de 12 à 15 lieues à vol d'oiseau; mais il faut faire un détour de 80 lieues environ pour y parvenir, encore n'y réussit-on qu'en affrontant les plus grands dangers. Le chemin qui y conduisait autrefois devait être rempli de difficultés; mais aujourd'hui il est détruit; il faut s'en frayer un autre à travers les bois et les épaisses broussailles qui couvrent les flancs escarpés du glacier de Yanama. Souvent on en est réduit à se retenir aux branches d'arbre, en assurant ses pas sur les racines qui, seules, peuvent soutenir au-dessus du précipice. C'est dans cet asile impénétrable que s'étaient retirés les derniers membres de la famille des incas, après la conquête espagnole. Ils vécurent longtemps encore dans ce repaire, où s'est conservé mieux que partout ailleurs le type des constructions péruviennes. C'est là qu'il faut étudier la disposition des édifices qui servaient de demeure aux incas. Mais les difficultés que présente cette excursion sont si grandes que deux Européens seulement l'ont entreprise avec succès : M. le comte de Sartiges, en 1834, et M. Angrand, en 1847. Nous ne savons si M. de Sartiges a dessiné les monuments de Choccequirao, car nous n'avons connaissance d'aucune publication faite par lui à ce sujet. Aussi pensons-nous que les plans levés par M. Angrand, et les dessins

qu'il a faits sur les lieux, sont entièrement nouveaux ;
ils l'étaient, du moins, lorsqu'il a bien voulu nous les
communiquer. Ces dessins nous ont révélé l'existence
de monuments, dont nous n'avions trouvé la trace
nulle part ailleurs. M. Texada, riche propriétaire,
à qui appartiennent les immenses terrains sur lesquels se trouvent ces ruines, paraît y avoir pénétré
le premier, quelques années avant M. de Sartiges,
qu'il prétend aussi avoir accompagné dans son
voyage, en 1834. Les Indiens ont servi de guides
aux deux explorateurs français. On peut soupçonner
même que les indigènes y peuvent parvenir par un
autre chemin plus sûr et plus commode, dont ils se
gardent bien de révéler l'existence aux blancs ; car
la tradition rapporte que des trésors immenses ont
été enfouis parmi ces ruines, à l'arrivée des Espagnols, lorsque les derniers rejetons de la race
du soleil se retirèrent dans cet asile sauvage. Cette
opinion, qui ne manque pas de vraisemblance, est
confirmée par le nom même de *Choccequirao,* qui
signifie *berceau précieux* (1). Les Indiens sont très-
jaloux de ces prétendus trésors, et voient d'un mauvais œil tous ceux qui cherchent à pénétrer dans ce
lieu, ne soupçonnant pas qu'on y puisse aller dans
un autre dessein que celui de s'enrichir. Ainsi l'on
n'a pas seulement à lutter contre des obstacles naturels, mais encore contre le mauvais vouloir et

(1) *Chhoqque,* précieux, beau, choisi, et *qquirau,* berceau. C'est
probablement *chhoqque qquirau, berceau précieux* ou *berceau d'é-*
lection.   L. A.

la perfidie des indigènes. On n'arrive à franchir
qu'un espace de deux ou trois lieues par jour, à travers les broussailles qu'il faut abattre ou brûler,
pour se frayer un passage.

C'est sur la crête et sur le versant d'une des arêtes
qui descendent du glacier et se terminent par un
précipice de 400 mètres, au fond duquel coule
l'Apurimac, que se trouvent ces ruines. Rien ne
saurait égaler la grandeur sauvage de ces lieux
solitaires ; la vallée comprise entre le glacier et les
précipices, est d'une admirable fertilité et couverte
aujourd'hui de forêts. On est confondu de voir que
l'industrie de l'homme a pris pied sur ces rochers,
où le condor seul semblait pouvoir construire son
aire. Rien de plus imposant que le refuge suprême
des fils du soleil, dernier asile de la liberté américaine. C'est là que s'est conservé le nom de la patrie,
le culte des ancêtres et le saint amour de l'indépendance, que les incas n'ont pas cru devoir payer trop
cher au prix de la plus cruelle misère !

Lorsqu'à force de fatigues on est parvenu jusqu'à
ces ruines, il faut encore les découvrir sous l'épaisse
végétation qui les cache. Le palais et les fortifications
sont plus apparents, parce qu'ils ont été construits
sur la crête, dont le sol est aride et rocheux. Les
premières constructions que l'on rencontre en arri-
vant sur cette crête, sont des circonvallations de
défense, précédées d'un petit monument qui pouvait
être une porte militaire ou un corps de garde. L'on
voit ensuite des bâtiments qui devaient servir de

casernes ou plutôt de prison. M. Angrand le conjecture, du moins, parce qu'il a remarqué que les portes avaient dû être fermées par des pierres énormes, que les efforts d'un seul homme n'auraient pu soulever. Il est donc probable que ceux qui occupaient ces chambres y étaient enfermés contre leur volonté. N'est-on pas tenté de se demander à quoi servait la prison dans ces lieux impénétrables, où le maître et l'esclave, le juge et le condamné sont tous deux prisonniers de l'abime et des glaciers?

A 150 mètres plus bas, en suivant l'inclinaison de la crête, on arrive aux édifices principaux : le palais; la salle des bains et deux bâtiments qui paraissent, à M. Angrand, avoir été l'un une ménagerie, et l'autre une salle couverte pour la célébration des fêtes. Un peu plus loin, la crête, aplanie de main d'hommes, forme une place d'armes, bordée de deux côtés par le précipice. En continuant à suivre l'arête escarpée de la montagne, au delà de la place, on gravit une espèce d'aiguille, au sommet de laquelle est un corps de garde. On redescend ensuite dans un creux où se trouve le *petit palais*. Puis enfin on suit une inclinaison sensible, de 1,600 pas environ, terminée par le précipice au fond duquel coule l'Apurimac.

Revenons sur nos pas et commençons par le palais principal adossé à la partie rocheuse de la crête. Il se compose de trois corps de bâtiments rectangulaires, dont deux ont 10^m de large sur 15 de long, et le troisième 8^m sur 15. Chacun des deux premiers bâtiments est composé d'un rez-de-chaussée et d'un premier étage. Ils sont partagés, dans le sens de la longueur, par un mur intérieur qui donne naissance à deux pièces allongées à chaque étage. Il n'y a point d'escalier. La terrasse du troisième bâtiment, qui n'a qu'un rez-de-chaussée, est de plein pied avec l'étage des deux autres, et devait lui servir d'accès. On arrive sur cette terrasse par le sol en pente de la crête, sur laquelle elle est adossée d'un côté. On remarque dans les pièces de ces bâtiments, aux deux étages, des niches entre chacune desquelles sont des pierres saillantes, arrondies en forme de cylindres, de la grosseur du bras, et qui semblent avoir été des porte-manteaux. Des pierres saillantes, servant à cet usage, se trouvent aujourd'hui dans toutes les constructions modernes des indigènes.

Le plancher des salles devait être formé ou plutôt *recouvert* d'une espèce d'ardoises ; car on a retrouvé des plaques de schiste, qui figuraient sans doute une sorte de carrelage. On reconnaît que des fouilles considérables ont été pratiquées parmi les ruines ; or, elles n'ont pu l'être que par les Indiens qui se rendent en secret dans ces lieux sauvages, poussés par le désir de trouver de l'or. Il est vrai que M. Texada prétend y avoir fait faire des fouilles avant son voyage avec M. de Sartiges ; mais il ne semble pas qu'elles aient été fort importantes ni qu'elles aient rien produit.

Les constructions modernes des Indiens nous révèlent l'usage des niches qui se trouvent dans presque tous les anciens monuments péruviens. Les unes étaient des sièges et les autres des armoires. Les cylindres saillants en pierre, que l'on remarque au sommet des pignons, devaient servir d'appui à l'appareil de la toiture.

A côté du palais se trouve une grande salle de 42^m de long sur 12^m de large, avec des fenêtres de forme égyptienne, comme celles dont nous avons parlé plus haut. Cette salle peut bien avoir été consacrée aux fêtes qui se célébraient à couvert. Garcilaso parle de ces sortes de pièces et de leur usage (L. VI, c. 4).

Attenante au palais, est une grande salle, au rez-de-chaussée, dans le fond de laquelle sont pratiquées treize niches, et qui est percée de quatre portes et de trois fenêtres au côté opposé. Au fond de chacune des niches, à 1^m du sol, est une petite niche. Outre les porte-manteaux, on remarque, entre chaque niche, des anneaux fixes en pierre, et faisant saillie sur le mur. Ces anneaux sont formés de pierres percées en forme de boucles, et les cylindres de pierre sont peut-être des perchoirs. Si cela était, cette particularité nous apprendrait que l'édifice dont il s'agit serait l'unique modèle, bien conservé, des ménageries des incas. On lit en effet, dans Garcilaso, que l'on voyait au Cuzco, dans le palais des rois, des *puma-curcu* (poutres des lions), auxquels on attachait, les lions (*pumas*) ou autres animaux féroces offerts à l'inca. Il existait, dans la ville du Cuzco, un quartier dont le nom rappelait, encore après la conquête, cet ancien usage. Les Curacas,

dans les provinces, nourrissaient aussi des animaux
féroces dans des espèces de ménageries. On n'y gar-
dait pas seulement des lions, mais aussi des reptiles
et des oiseaux de proie. Au Cuzco, l'établissement
réservé aux couleuvres s'appelait *Amaru Cancha*
(maison des serpents) (1), et celui des oiseaux,
Suri Huaylla (champ des autruches) (2). C'était
ordinairement à l'entrée de la demeure des Curacas
que se trouvait la salle des lions (3). Les gardiens se
tenaient du côté opposé aux anneaux et aux perchoirs. Ce qui fait conjecturer à M. Angrand que ce
monument est une ménagerie, c'est qu'il est parfaitement disposé pour cet usage et qu'il est à peu
près impossible de lui supposer une autre destination. On sait que les Péruviens n'avaient ni chevaux,
ni vaches, ni brebis. Le seul quadrupède qu'ils
eussent, le *llama*, vit dans des parcs, à découvert,
et n'est jamais attaché.

Un bâtiment composé de quatre pièces fait suite
à la ménagerie. Dans la première était; sans aucun
doute, un lit; dans la troisième, un fourneau propre
à chauffer l'eau, et, dans la quatrième, une baignoire
qui devait être en or ou en argent, comme tous les
vaisseaux et ustensiles qui servaient aux incas. L'emplacement de cette baignoire est encore parfaitement
visible. La disposition de ces salles et les traces des
appareils ne permettent pas de douter que ce ne fût

---

(1) Au Cuzco, le nom s'était étendu *au quartier* où se trouvait cette
maison.   L. A.

(2) *Suri*, autruche, *huaylla*, pré, herbage, prairie.

(3) *Voy.* Garcilaso, l. VII, c. 8.

un de ces bains dont parle Garcilaso, et qu'il ne fût réservé aux incas (1). Cet appartement a une sortie sur la place d'armes, dont la forme est celle d'un trapèze allongé. Une autre porte donne sur une terrasse au-dessus du précipice.

De l'autre côté de la place, à une assez grande élévation, est une espèce de forteresse qui commande ce passage et ne laisse d'issue, entre les deux précipices, que par les quatre ouvertures qui y sont pratiquées. Sur le sommet de la crête, au delà de ces quatre portes, était sans doute un temple; puis enfin, en descendant, à partir de cette cime, on trouve le *petit palais*.

D'après les traditions recueillies dans le pays même, Choccequirao n'aurait pas été seulement le lieu de refuge des derniers incas; mais cette demeure aurait été, à l'époque de la prospérité du Cuzco, la résidence des héritiers du trône. C'est dans cette sévère retraite qu'ils auraient été élevés jusqu'à l'âge de leur majorité. Ils contractaient dans ce lieu retiré, au sein de cette nature sauvage, les habitudes austères d'une vie rude et difficile, et se préparaient ainsi aux labeurs et aux fatigues de la guerre. On croit enfin que cette demeure, après avoir servi d'asile aux fiers rejetons de la race royale du Pérou, aurait été la retraite du célèbre Tupac-Amaru. C'est là qu'il aurait tramé contre les Européens la terrible conspiration qui menaça d'anéantir l'empire espagnol des Indes.

(1) L. VI, c. 2.

V. *Ruines entre Choccequirao et le Cuzco.* On trouve,
dans un des cols de la Cordillère, *à égale distance
entre Choccequirao et le Cuzco*, les ruines très-cu-
rieuses de Panticaya et de Havaspampa. On y voit
un bâtiment de 150 mètres de long sur 5 de large,
divisé en trente chambres, qui devaient communiquer entre elles par un corridor souterrain. M. Angrand n'a pu déterminer leur destination, car il
aurait fallu y pratiquer des fouilles pour remettre
à découvert la base de l'édifice, qui se trouve
presque partout enterré à une profondeur de 2 ou
3 mètres.

Entre Havaspampa et Ollantaï-tambo sont des
terrasses, dont la culture est d'une fertilité extraordinaire. La taille régulière des pierres et leur ajus-
tage sont surtout dignes d'être remarqués. On croit,
dans le pays, que ces terrasses faisaient partie d'un
jardin attenant à un palais de l'inca. Il existe en
effet, au centre, un espace considérable couvert
d'un monceau de ruines, sur lesquelles a poussé une
véritable forêt de myrtes gigantesques. Les Indiens, qui cultivent ces magnifiques terrasses, disent que le palais a été brûlé lors du grand soulèvement de Tupac-Amaru, qui aurait occupé aussi
cette demeure. Les Espagnols ont ensuite boule-
versé ces ruines, dans l'espoir d'y découvrir quelque
chose.

VI. *Ollantaï-tambo.* De tous les plans inédits de
M. Angrand, c'est celui d'*Ollantaï-tambo* qui nous a
paru tracé avec le plus de détail. Grâce aux expli-

cations qu'il nous a données, il est facile de se rendre un compte exact du système de défense militaire en usage chez les Péruviens, et du degré de perfectionnement auquel ils avaient porté l'art stratégique. Ce qui nous a paru surtout digne de remarque, c'est le soin que les peuples *barbares* apportaient au choix des lieux qu'ils voulaient fortifier. On ne saurait assez admirer l'heureuse appropriation des mouvements de terrain de ce sol accidenté aux besoins de la défense.

C'est à 15 lieues au nord du Cuzco que se trouve cette redoutable forteresse. La belle conservation de ces monuments en facilite l'étude. L'ancienne ville indienne subsiste encore presque en entier. Elle renferme aujourd'hui une bourgade moderne.

Le nom de ces restes vénérables, d'une civilisation inconnue, vient, d'après la tradition, du personnage appelé Ollantai, qui était du sang royal des incas. Il vivait sous le huitième ou neuvième descendant de Manco-Capac. Ayant enlevé une des épouses du soleil, il avait compris que le seul moyen de salut qui lui restât était la révolte armée. Il se retira dans cette gorge étroite, que sa rébellion a rendu célèbre; et il y construisit cette citadelle, n'épargnant rien de ce qui pouvait contribuer à sa sûreté. Aussi tout y est-il sacrifié à l'utile, et la demeure du chef y est-elle petite et resserrée. Après s'être longtemps défendu contre un ennemi plus fort que lui, Ollantai fut pris et mis à mort. L'ensemble de cette fortification pré-

sente une série de terrasses, placées en amphithéâtre
et protégées par la montagne, qui est inaccessible
à droite et à gauche. L'appareil des constructions
est de deux sortes. On voit d'abord des murs formés de grosses pierres, dressées dans le sens vertical
et formant des parallélogrammes allongés, reliés
les uns aux autres par des pierres plus petites. Le
second appareil est cyclopéen : on y remarque des
niches de forme égyptienne. Ces parois étaient vraisemblablement le fond des galeries, dont la façade
extérieure a disparu. On reconnaît, dans les ruines
d'Ollantai-tambo, des casernes, un temple, des
corps de garde fortifiés, qui dominent toutes les
issues. Dans un des lieux les plus abrupts, en face
de la forteresse, de l'autre côté de la vallée, se voit
une petite construction ayant une porte ouverte
au-dessus du précipice ; c'était sans doute une po-
tence. Le coupable était attaché à une corde fixée à
la poutre supérieure de cette ouverture. Lancé dans
l'abîme, sa chute était arrêtée par la corde qu'il avait
passée au cou : il retombait, étranglé par la secousse,
et se brisait les membres sur les rochers. En remon-
tant la vallée, on trouve sur une des cornes formées
par les escarpements qui entourent les gradins, une
pierre que l'on désigne par l'appellation hybride
d'*Intimisana* (messe du soleil). Un gradin a été
taillé dans l'épaisseur de cette pierre en forme d'autel, et sur cet autel se détache le relief d'un calice,
avec la patène et les ornements qui recouvrent le
vase sacré, lorsque le prêtre le dépose au commen-

cement de la messe. Les indigènes racontent, au sujet de ce monument, qu'un Indien ayant vu célébrer, à des prêtres espagnols, le sacrifice chrétien, voulut dire une messe au soleil ; mais, qu'à l'instant où le calice fut déposé sur cet autel improvisé, il se changea en pierre, et que l'Indien disparut.

On trouve, dans la vallée d'Ollantai-tambo, une autre pierre désignée sous le nom d'*Incarumi*, qui présente plusieurs bancs taillés dans le roc, ainsi que les escaliers qui y conduisent. Un de ces bancs est plus élevé que les autres. On rapporte que c'est là que l'inca venait s'asseoir ; toute la cour se groupait aux étages inférieurs.

Ces sortes de pierres, qui n'avaient apparemment d'autre caractère sacré que celui que leur donnait la visite de l'inca, se trouvent, d'ordinaire, dans les points de vue les plus remarquables. Ces peuples, d'inclinations contemplatives, étaient épris, comme les Chinois et les Mongols, de la belle nature. Aussi trouve-t-on de ces sortes de monuments dans tous les lieux d'où l'on jouit de la vue de beaux paysages. Il existe quelques-unes de ces pierres qui mesurent jusqu'à 60 mètres de circonférence.

VII. *Tyahuanaco*. Nous voici arrivés à la description de ces belles ruines, qui, par leur caractère de grandeur religieuse et de majesté solitaire, ne peuvent être comparées qu'à celles de Carnac, d'Ibsamboul et de Luqsor.

Les plans et les dessins que M. Angrand a levés sur les lieux même, sont d'une telle exactitude et d'une si scrupuleuse minutie qu'à une époque où la photographie ne permet plus guère de *croire* aux dessins, on ne saurait toutefois, pour les monuments dont il s'agit, regretter le daguerréotype. En effet, si les procédés, très-perfectionnés aujourd'hui, de la chambre obscure, rendent l'aspect général et la finesse des détails avec une incomparable fidélité, ils ne nous peuvent donner les proportions mathématiques et la disposition des objets tracés sur un plan. Le soin que M. Angrand a pris de lever ces plans lui-même, et de vérifier les réductions proportionnelles de ses travaux, donne à ces documents et aux mesures qui les accompagnent un caractère de précision que ne peuvent offrir les planches daguerriennes.

Les ruines immenses de ces édifices, dont la construction est évidemment antérieure aux incas, sont situées entre le *Desaguadero* et la *Paz*, au sud du lac de *Titicaca*. Elles se composent de trois parties distinctes, appelées vulgairement *le palais de l'inca, la forteresse* et *le temple du soleil*. Nous verrons bientôt que ces désignations populaires ne sont rien moins que conformes à la destination des monuments auxquels elles s'appliquent. Ce qui donne plus de prix encore à l'œuvre de M. Angrand, c'est que ces curieux débris, témoignage unique d'une civilisation disparue, sont en proie au vandalisme incessant des indigènes, qui les ont transformés en carrière d'exploitation, pour la construction ou l'embellissement de leurs demeures dans les bourgades voisines. Les pierres creusées, qui se trouvaient en grand nombre dans cette vaste plaine, ont paru propices, par leur forme, aux usages domestiques. Il est bien à craindre que, dans quelques années, ces monuments aient entièrement disparu.

Ce qu'on appelle *la forteresse* est un immense amas de terres rapportées, s'élevant à la hauteur de 50 mètres environ. La base de ce monument présente la figure d'un parallélogramme irrégulier, ayant les quatre côtés orientés aux quatre points cardinaux. Il était composé de gradins, ce qui lui donnait la forme d'une pyramide tronquée. Le gradin inférieur avait 150 mètres sur deux de ses faces, et 200 mètres sur les deux autres. Cet édifice, qui rappelle de loin les téocallis du Mexique, et surtout la fameuse pyramide de Cholula, décrite par M. de Humboldt, était évidemment un temple sur le sommet duquel se faisaient les sacrifices. On voit encore les fragments des murs qui soutenaient les terre-pleins. Ils étaient formés de grandes pierres allongées, placées debout et offrant, sur les côtés, des rainures où venaient s'adapter les pierres voisines, plus petites, superposées par assises; et présentant, sur la face extérieure, le relief arrondi des constructions florentines. Ce mur était une espèce de chaussée ou trottoir. Le sommet de ce téocalli a été fouillé, et si profondément remué qu'il faudrait faire de grands travaux pour déblayer ce qui reste des murs de revêtement.

Cette construction, aussi bien que le culte qu'elle

rappelle, sont évidemment antérieurs à la civilisation des incas.

Il n'est pas probable que ce monument, malgré le
nom que les indigènes lui ont conservé, ait jamais
servi de défense militaire, même aux époques modernes, car on ne voit pas de quelle utilité eût pu
être, dans un pays plat, une forteresse située de
manière à ne pouvoir même protéger les constructions voisines. Les bâtiments appropriés à la défense
ne se trouvent, au Pérou, que dans les lieux déjà
fortifiés par la nature. C'était donc, nous le répétons,
un temple semblable à ceux du Mexique, et servant
probablement aux sacrifices humains, qui étaient,
comme nous l'avons dit, en usage dans cette contrée,
avant le règne des incas. On en est réduit, d'ailleurs,
à des conjectures, car la tradition ne nous a rien
conservé de ces temps antérieurs aux fils du soleil.
Il est vrai que les monuments sont à eux seuls toute
une tradition, et, sans rien préciser, quant aux faits
historiques, nous pouvons affirmer, du moins d'après
l'aspect de ces ruines, qu'il a existé dans ce pays, à
une époque fort ancienne, un art plus avancé que
celui de la monarchie des incas, et, autant qu'on
peut juger du degré de culture d'un peuple par les
témoignages sensibles qu'il nous a laissés, supérieur
même à tout ce qui nous reste de la civilisation du
dernier âge des races péruviennes. Il faudrait conclure de là que l'époque des incas est une ère de
décadence comme celle des Aztèques au Mexique et
dans l'Amérique centrale. Or, si l'on voulait chercher

quelques rapports entre les édifices de Tyahuanaco
et les autres débris des civilisations américaines ,
c'est dans le Nicaragua et dans l'Yucatan, contrées
habitées par les Toltèques longtemps avant l'arrivée
des tribus d'Aztlan dans l'Anahuac (Mexique), que
nous les trouverions.

Il est une objection que plus d'un lecteur ne
manquera pas de faire à tout ce qui précède, c'est
que nous ne saurions considérer cette civilisation
des anciens peuples, du Pérou comme supérieure à
celle des incas, et admettre en même temps, ce qui
pourtant est assuré, que les sacrifices humains établis avant les fils du soleil furent supprimés par
eux. Mais si nos mœurs répugnent à de pareils
usages, si notre morale et notre civilisation les ré-
prouvent comme barbares, il ne faudrait pourtant
pas les croire incompatibles avec un certain degré
de culture , moins raffinée assurément, mais plus
mâle , plus forte, plus religieuse aussi en un sens
que celle des temps qui ont suivi. Ne faut-il pas
distinguer ici la férocité primitive , commune à
toutes les tribus sauvages , et qui les porte à s'en-
tre-détruire après la guerre, à immoler leurs ennemis à leurs fétiches et à se repaître de leurs chairs
palpitantes ; de la foi aveugle qui porte des adorateurs enthousiastes et fanatiques à s'immoler vo-
lontairement sur les autels de leurs dieux ? Nous ne
craignons pas de dire que les sacrifices humains, à
la condition que les victimes s'offrent librement ,
attestent toujours un profond sentiment religieux,

et que ce zèle, excessif sans doute, mais inspiré et
soutenu par une foi vive, loin d'être un signe de
décadence ou de grossière ignorance, est bien plutôt
la preuve d'une croyance sincère, sérieuse, sinon
épurée, qui témoigne d'une éducation énergique et
peut se concilier avec une civilisation florissante. Ne
voyons-nous pas les sacrifices humains établis depuis tant de temps dans l'Inde, ce foyer des lumières
de l'Orient, répandus dans la Grèce déjà civilisée, à
l'époque où le culte austère des divinités primitives
n'était pas encore altéré par les principes moins purs
de l'Olympe du second âge, en honneur à Rome
même au temps des grandes vertus publiques?
Qu'est-ce que le dévouement d'un Décius, sinon
la mort librement acceptée, le sacrifice humain
offert à la patrie, cette grande divinité auprès de
laquelle les autres dieux n'étaient comptés que
parce qu'ils protégeaient la mâle cité et enseignaient
à l'aimer? Qu'est-ce que le sacrifice d'Iphigénie et
de la fille d'Aristodème, sinon la manifestation
énergique, mais noble et touchante, de la foi portée
à son plus haut degré d'abnégation? Le christianisme, qui procède de plus haut et n'a point ses
racines dans les sentiments humains, n'a pas voulu
que les fidèles fussent immolés, dans l'excès d'un
zèle inutile, par la main de leurs semblables; mais il
a fait de l'abandon de leur propre vie la première
condition de la foi et l'unique épreuve des néo-
phytes. Il n'a pas eu de victimes, mais des martyrs.
Les fidèles plus libres, mais plus sensés dans leur

enthousiàsme religieux , attendant avec fermeté ,
espérant avec ardeur les glorieuses palmes des élus,
ne recherchent pas, il est vrai, de vains supplices
pour honorer une divinité insensible et étonner,
comme en une sombre parade, les fidèles frappés de
stupeur. Ils n'en sont pas moins prêts à faire à Dieu
l'abandon de leur vie. C'est aussi le sacrifice humain, mais ennobli par le but et fécondé par l'utilité
de l'exemple.

Ainsi, l'offrande des victimes humaines est de
tous les pays, sinon de tous les temps ; elle se trouve
chez toutes les nations cultivées, mais elle existe
surtout avant que les civilisations, devenues plus
florissantes, aient en même temps altéré la mâle vigueur des anciens âges. Le sacrifice humain, dans
son sens le plus vaste et à la fois le plus vrai, est
le *dévouement* absolu de l'homme à Dieu. Du jour
où l'humanité en progrès l'efface de ses mœurs,
c'est que le sentiment religieux s'affaiblit. Quand
Jagernaut n'a plus ses victimes, le Capitole ses héros et le Christ ses martyrs, c'est que l'instinct de
la conservation a pris la place des grands dévoue-
ments et de la foi qui les inspire, et c'est à notre avis
un signe bien plus manifeste de la décadence des
sociétés que le sacrifice exagéré n'en est un de la
barbarie des peuples ; mais il y a toutefois ici une
distinction à faire. Il ne faut pas confondre les sacrifices humains plus ou moins aveugles, plus ou
moins forcés, mais toujours sanguinaires et barbares avec le dévouement des héros, ou des saints

sacrifiant librement leur vie pour le salut de la patrie ou la gloire de Dieu, la confession ou la propagande de leur foi; car ce serait confondre le fanatisme de la superstition avec l'enthousiasme patriotique ou religieux, c'est-à-dire ce qu'il y a de plus élevé et de plus pur, avec ce qu'il y a de plus passionné et de plus sauvage dans l'idée même du sacrifice.

Nous ignorons si la pyramide de Tyahuanaco a été arrosée par le sang des victimes humaines, mais les monuments primitifs, dont nous avons parlé plus haut, avaient évidemment cette destination, et ils sont également antérieurs aux Incas. Ces sacrifices étaient-ils libres? là est toute la question, c'est la liberté seule qui fait la barbarie ou caractérise l'époque prospère d'une religion.

Au nord de la prétendue *forteresse* est un autre monument improprement appelé le temple : nous pensons qu'il est plus ancien que le premier. La tradition, recueillie par les historiens espagnols, et entre autres par Garsilaso, fait foi de sa haute antiquité et confirme sur ce point le témoignage de l'archéologie. Nous voyons dans l'*Histoire du Pérou* que Mayta-Capac, quatrième inca, pénétra dans le pays de Tyahuanaco, et y trouva des édifices extraordinaires : une colline faite de main d'hommes, entourée d'une balustrade pour maintenir la terre (c'est le monument dont nous venons de parler) ; il vit près de là des colonnes taillées, avec des bas-reliefs représentant des personnages dont les robes traînaient jusqu'à terre, des murailles faites de pierres immenses, des portes monolithes ornées avec art sur toutes leurs faces. Ces ruines jetèrent les Péruviens dans le plus grand étonnement. Ils ne purent se rendre compte, dit le même historien, des procédés qui avaient été employés pour la construction de ces bâtiments.

Le soi-disant *temple du soleil* est construit sur une esplanade carrée, un peu plus élevée que la plaine et mesurant 122 mètres sur chaque côté. Cet immense édifice avait donc 488 mètres ou un peu moins d'un demi-quart de lieue de tour. L'enceinte en est parfaitement accusée par des pierres énormes. placées debout et fixées en terre à une grande profondeur. Depuis le niveau du sol elles ont de 5 à 6 mètres. Toute la portion qui est à l'air est taillée. Ceux de ces monolithes, qui étaient aux angles et formaient les arêtes de l'édifice, sont taillées à angle droit dans le sens vertical, intérieurement et extérieurement; les autres présentent une surface extérieure plane. Dans le sens de l'épaisseur, sont ménagées des rainures pour soutenir les panneaux. Ce remplissage n'existe presque nulle part. Ces espèces de colonnes plates sont ordinairement distantes les unes des autres de 5 à 6 mètres. Leur épaisseur est la même ; mais leur largeur varie suivant le volume de la pierre brute. Le sommet n'est pas taillé. Comme elles sont d'inégale hauteur, on est tenté de croire qu'elles n'ont pas dû supporter de couronnement. Cependant la construction qui formait le remplissage entre les monolithes et complétait le mur, pouvait s'élever aussi haut que la pierre la plus longue et former ainsi un niveau uniforme sur lequel aurait pu porter la toiture; mais il ne doit pas y avoir eu de toit, car on ne trouve pas trace de compartiment dans l'intérieur de la grande enceinte, et il aurait fallu que le toit eût 122 mètres de portée, ce qui est impossible.

Sur la face occidentale se trouve une espèce de portique composé de dix pierres énormes, d'inégale largeur (variant de 0ᵐ,80 à 2ᵐ), mais de la même hauteur ou peu s'en faut. Elles sont mieux équarries que celles de l'enceinte et sont taillées à leur sommet, ce qui prouve qu'elles supportaient un couronnement. Entre chacune de ces pierres dressées, aux endroits où se trouvaient les ouvertures, le sol est formé par d'autres pierres taillées et enfoncées en terre. Le plus souvent ces espèces de seuils sont formés par la même pierre qui figure les montants de la porte.

C'est près de l'angle nord-ouest que se trouve la fameuse porte monolithe qui est encore en place. Elle a été brisée à sa partie supérieure et se trouve aujourd'hui divisée en deux morceaux, dont l'un est légèrement incliné sur l'autre, ce qui donne à cette ouverture l'aspect d'une porte égyptienne. Mais elle était taillée à angle droit ainsi que toutes les portes et toutes les niches de Tyahuanaco. Elle a 4 mètres de haut sur 2ᵐ,30 de large; l'ouverture a 1ᵐ,53 de hauteur sur 0ᵐ,81 de largeur. L'épaisseur

est de 0^m,42. La face occidentale présente deux
niches au niveau du sol et deux autres niches au-
dessus de la ligne supérieure de l'ouverture : une de
chaque côté. L'ouverture, aussi bien que les niches,
est entourée de moulures dentelées s'évasant vers le
haut. Au-dessus de la porte est une corniche qui
forme un cordon sur toute la façade au-dessous des
niches supérieures. Dans la partie inférieure, la
pierre est éclatée comme si l'on y avait introduit des
gonds de métal.

La face orientale est couverte de bas-reliefs et
d'ornements de toute sorte. Au-dessus de la porte
est un vaste caisson de 84^m de haut sur 0^m,55 de
large. Il est flanqué à droite et à gauche de trois
rangées de petits caissons superposés symétrique-
ment. Le tout est séparé de l'ouverture et de la partie inférieure de l'édifice par une frise de 0^m,20 de
large, qui forme cordon sur toute la façade. Ces
caissons ne sont autre chose que des petits cadres
dans lesquels sont représentés, en reliefs plats, se
détachant sur un fond creusé à la manière égyptienne, des figures taillées avec soin et ornées avec
un art remarquable. Le caisson principal représente
un personnage aux formes courtes et ramassées dont
le corps et les vêtements sont couverts, ou plutôt
composés de toute sorte d'attributs. Il tient dans
chacune de ses mains un sceptre qui ressemble à
un arc et qui est terminé, à l'une de ses extrémités,
par une tête d'oiseau. La face de ce personnage est
sculptée partie en creux, partie en relief. Les yeux

sont figurés par deux godets, la bouche est creusée
et le nez est en saillie. Les traits du visage sont terminés par des figures symboliques. La tête est entourée d'une grecque et d'une auréole de dix-neuf
rayons terminés, de trois en trois, par des têtes
d'animaux entre chacune desquelles sont placés
deux cercles ou anneaux, soutenus comme les per-
les des couronnes de comte. Les animaux symboliques, dont les têtes sont représentées sur la face
ou sur les rayons, sont des tigres, des chiens et des
oiseaux, — probablement des condors. Le corps est
composé également de têtes d'hommes et d'animaux.
Les jambes, très-courtes, ont pour base une espèce
d'escabeau couvert des mêmes signes. Cette figure,
dans ses contours et ses détails, présente deux côtés
absolument symétriques. Les petits caissons renfer-
ment chacun une figure. Ceux de la rangée supérieure offrent partout la même. C'est un homme
ailé, vu de profil, un genou en terre, et le visage tour-
né vers le caisson du milieu. L'attitude de ces personnages semble exprimer l'adoration. Ils tiennent à la
main un sceptre en forme d'arc et sont couronnés
d'une coiffure à cinq rayons, terminés chacun par
deux têtes d'oiseau, une tête de quadrupède et deux
emblèmes ayant la forme, l'un d'une tiare, et l'autre
d'une tour. Les ailes sont composées de plusieurs
plumes. Les pennes supérieures ne portent point
d'emblème, les inférieures ont à leur extrémité
trois têtes d'oiseaux et quatre de quadrupèdes.
Dans la rangée du milieu, les personnages sont de

même ; seulement ils ont une tête d'oiseau, vue de profil comme Horus, père de l'Osiris égyptien. Dans la rangée inférieure, la tête des personnages dont l'attitude est toujours la même est remplacée par un emblème qui pourrait figurer à la rigueur le sommet du profil humain. L'ornementation de ces figures diffère de celle des rangées supérieures : on ne voit plus de têtes d'animaux, mais des cercles semblables à ceux qui se trouvent dans l'auréole du personnage principal (caisson du milieu). La frise représente une espèce de grecque à double zig-zag, ornée de têtes d'oiseaux disposées horizontalement. Cette grecque forme cadre à plusieurs petits sujets qui représentent une série de figures symboliques. Elles rappellent celles des caissons et sont ornementées à leur tour comme les personnages de ces mêmes caissons. Les deux parties de la frise sont symétriques. Dans le cinquième cadre de la grecque est représentée une figure à visage humain coiffée d'un diadème ou *borla*. Les pieds sont terminés par des emblèmes de forme très-allongée. La main droite tient une trompette appuyée sur les lèvres. Ces ornements sont du plus haut intérêt pour l'étude de l'archéologie et de la symbolique, et nous ne connaissons rien qui leur soit analogue (1).

Le troisième édifice de Tyahuanaco, appelé *Pa-*

---

(1) Le numéro de janvier 1858 du *Magasin pittoresque* renferme des dessins de l'ornementation de la porte de Tyahuanaco. Ils sont accompagnés d'explications. Rien de plus inexact que les uns et les autres. Les dessins sont la reproduction d'une planche bien connue et dans laquelle le premier auteur a fait preuve d'une rare imagination.   E. D.

lais de l'Inca, est à 300 mètres environ de la *forte-*
resse. Il est composé d'un terré-plein de 163 mètres
·de long sur 159 de large, et formé de terrasses ou
gradins comme le premier monument qué nous
avons décrit; seulement l'élévation n'est que de
6 mètres. Il était précédé d'un portique et sé termi-
nait à son sommet par une vaste esplanade. Le portique était composé de pierres énormes, dressées
comme dans l'édifice dit le *Temple.* La plus grande
de celles qui étaient encore en place à l'époque où
M. Angrand a levé ces plans, avait 7 mètres de
hauteur. Le développement de ce portique était de
100 mètres. D'autres pierres, couchées à plat, servent d'assises aux monolithes droits qui se dres-
saient sur cette base. Après avoir franchi cette façade, on trouve d'autres pierres plates qui ont dû
former le sol uni de cé vaste péristyle. A vingt mètres de ce portique, s'en trouve un autre dont les
pierres, plus petites, sont très-richement ornementées. Parmi les niches qui sont creusées dans quelques-unes de ces pierres, figurent des cintres très-
bien formés qui sont à peu près les seuls qui existent,
au Nouveau-Monde, dans les monuments antérieurs à la conquête. Elles ne sont pas dans le monument même, mais entre le temple et ce dernier
monument. — De plus, il en existe une troisième au
sud, à environ 150 mètres. — M. Angrand n'a pas
parlé de cette dernière parce qu'il ne l'a pas dessinée. On trouve aussi près dè cet édifice une porte
monolithe beaucoup moins curieuse que celle que
nous avons décrite plus haut; enfin il en existe une

troisième au sud, à environ 150 mètres du *Palais de l'Inca.*

Les trois édifices de la vallée de Tyahuanaco, essentiellement différents par leur construction, ont dû être des temples ; d'après les conjectures et les observations de M. Angrand, la forteresse et le palais de l'inca auraient eu cette destination ; mais l'édifice désigné aujourd'hui sous le nom de *temple* aurait été, soit une salle de réunion, soit une enceinte consacrée pour la célébration des fêtes ; mais tout cela est fort hypothétique. Les statues, apparemment assez nombreuses, qui se trouvaient dans cette vallée ont été enlevées : on n'a pu jusqu'à présent en retrouver que huit. Elles sont déposées au village moderne de Tyahuanaco, sauf deux qui sont à la Paz ; une autre, brisée, a été laissée en route entre Tyahuanaco et la Paz. Les figures qu'elles représentent, grossièrement sculptées, ont l'apparence d'idoles. Ces formes primitives qui contrastent avec l'ornementation délicate de la porte monolithe du *Palais de l'Inca*, témoignent moins peut-être de l'ignorance des ouvriers qui les ont faites, que du respect avec lequel on conservait aux représentations sacrées leur caractère symbolique et leur apparence ancienne et convenue. Les coiffures de ces idoles, crénelées et festonnées, n'ont aucun rapport avec celles de l'époque des incas. Elles ont l'aspect d'embryons aux proportions colossales. Les figures trouvées dans l'Amérique centrale et reproduites dans le célèbre ouvrage de M. Squier (1), sont les seuls

_____

(1) Voyez l'idole trouvée sur la grande place de Léon, dessinée et

monuments de tous ceux que nous connaissons, qui présentent quelque lointaine analogie avec celles de Tyahuanaco. Les ruines de cette vallée ne sont pas les mêmes que celles qui ont été décrites par les voyageurs sous le nom de *monuments* ou *temples du Soleil* sur le *lac de Titicaca.*

Si l'on rapproche l'ornementation de la porte monolithe de celle des monuments de l'Amérique centrale, on pourra découvrir aussi quelque conformité entre les deux arts hiératiques. L'emploi de la grecque se remarque dans les deux ornementations. La forme du teocalli de Tyahuanaco (*la forteresse*) rappelle tout à fait celle des temples du Mexique. Enfin une observation attentive et une étude comparée pourront peut-être faire signaler d'autres rapports et apporter quelques nouvelles preuves à l'opinion déjà acceptée comme la plus raisonnable par M. de Humboldt, à savoir que la civilisation du Pérou procède de celle des contrées du nord, c'est-à-dire de l'Amérique Centrale.

Il faudrait assurément relever et réunir au Pérou un bien plus grand nombre de monuments que M. Angrand n'a pu le faire pour composer un ouvrage à peu près complet sur cette matière. C'est une œuvre à faire presque en entier. M. Angrand, ayant eu l'honneur d'ouvrir la voie, il est juste que son nom soit inscrit en tête de ceux des voyageurs qui poursuivront cette belle et noble tâche. Il aura fait pour le Pérou ce que M. Botta a fait pour Ni-

décrite page 302. Voyez aussi celle de l'île Momotombita dans le lac Managua et celle de Subtiaba, p. 312, 313, 319 et 320.

rive. C'est donc encore un Français qui a posé la
première pierre de l'édifice. Attendrons-nous que
des Layard et des Wilkinson viennent d'Angleterre
pour s'approprier ces richesses que notre représentant consulaire a reconnues et dessinées?

VIII. *Les routes anciennes.* Nous dirons ici un mot
des routes au temps des incas, car les historiens espagnols ne les ont pas décrites avec fidélité. On lit dans
Çarate (1), cité par Garcilaso, que Huayna-Capac
avait fait faire deux chemins du Cuzco à Quito : ses
sujets se seraient offerts d'eux-mêmes à y travailler.
L'un de ces chemins suivait les flancs de la Cordillère, coupant les pentes trop rapides, soutenu par
des levées en maçonnerie aux endroits escarpés et
franchissant les précipices sur des ponts. L'autre
traversait la vallée en se rapprochant de la côte ; il
aurait été bordé çà et là de murailles en pizé ou simplement indiqué, dans les lieux déserts, par des
lignes de pieux qui empêchaient le voyageur de s'é-
garer. La largeur du premier de ces chemins était
de 15 à 20 brasses ; celle du second était double.
Cieça de Léon (c. 37) confirme le témoignage de
Çarate. Le rapport de ces deux écrivains a besoin
d'être complété et rectifié. Les Indiens en général
cherchent bien plutôt à franchir qu'à éviter les obstacles. Aussi leurs routes gravissent-elles les pentes
les plus roides et ne sont-elles souvent praticables
que pour les piétons. Les deux historiens que nous
venons de citer ont déjà exagéré l'importance de ces
travaux. Dans les endroits difficiles, le chemin n'est

(1) L. I, c. 13.

ni taillé ni aplani. Des jalons indiquent simplement la direction que l'on doit suivre pour éviter les passages dangereux ou impossibles. Cette direction est le plus souvent rectiligne. Dans les terrains les moins difficiles du chemin de la Cordillère, la route est tracée par deux lignes de pierres brutes dressée en regard l'une de l'autre, à la distance de 25 pieds environ. Dans les déclivités du sol, on a construit des marches, seutenues seulement par une rangée de petites pierres. Ce ne sont point des escaliers propres à faciliter l'ascension, mais de simples remblais, placés de distance en distance, pour empêcher les terres de s'ébouler. La pente n'est jamais adoucie par des travaux de terrassement. Dans le chemin de la vallée, les pierres sont remplacées de chaque côté par des pieux. On remarque, en suivant l'une et l'autre des deux voies, de petites esplanades ménagées de chaque côté de la route dans les lieux *culminants*; d'où l'on jouissait ordinairement d'une belle vue. Elles sont formées de petits gradins carrés, bordés de pierres. C'est là qu'on déposait le palanquin de l'inca qui y prenait quelques instants de repos et jouissait de la beauté du site. L'élévation de ces petites pyramides ne dépasse guère 5 ou 6 pieds. Un escalier conduit sur le sommet qui a le plus souvent douze pas de long sur neuf de large.

Ce qui explique comment, chez un peuple d'ailleurs aussi avancé pour les arts utiles que les Péruviens, les routes étaient demeurées aussi défectueuses, c'est que, n'ayant point de chevaux ni d'autres bêtes de somme (que les *llamas*, qui vont partout et n'ont pas besoin de chemins), ignorant par conséquent la commodité des transports au moyen de voitures, et faisant tous leurs voyages à pied, ils ne s'occupèrent que de les rendre praticables. Cette habitude de parcourir à pied de grandes distances s'est conservée chez les Indiens, qui sont, de tous les peuples du monde, les plus infatigables et les mieux exercés à la marche. Le transport de presque toutes les denrées se fait encore aujourd'hui, au Pérou, à dos d'homme, là où les bêtes ne peuvent passer.

IX. *Maisons des particuliers.* Dans le voisinage de *Sausa* (Jauja), les maisons des particuliers étaient construites, soit en terre, soit en pierre sèche mêlée à la terre. Elles étaient tantôt carrées, comme à Mito et à Orcotuna, tantôt rondes, comme à Tunumarca et à Aucomarca ; elles avaient une porte et point de fenêtres. On ne voyait pas d'habitations isolées ; mais elles étaient groupées en bourgades et disposées ordinairement sur deux lignes. A Sausa, d'un côté, elles étaient toutes rondes ; de l'autre, toutes carrées. On trouve des villages dont toutes les maisons sont rondes, d'autres, dont toutes sont carrées. Entre chaque habitation était un mur et un espace libre.

A *Pucará*, près de Tucto, et dans d'autres lieux, se trouvaient des habitations creusées dans les rochers. Dans quelques provinces, les maisons se trouvaient placées sans aucun ordre apparent. Les villes étaient ordinairement entourées de trois murs de circonvallation, séparés l'un de l'autre par un intervalle de 30 à 35 pieds. Vers le centre de la ville, était une grande place sur laquelle s'élevaient presque toujours deux monuments carrés qui sont appelés comme presque tous les anciens édifices, palais de l'Inca, mais qui ne sont rien moins que cela : c'étaient des lieux de réunion d'un usage assez semblable à celui des basiliques des colonies et des municipes romains.

X. *Sépultures*. Le mode de sépulture variait suivant les contrées.

On voit, près de Truxillo, dans la vallée du grand Chimu, la fameuse huaca de *S. Pedro*, immense cimetière de forme conique de 2,000 pas de circonférence sur 80 d'élévation. Les Indiens étaient inhumés, accroupis dans la terre et disposés par couches, les couches diminuant toujours d'étendue à mesure que la nécropole s'élevait. Ce mode était pratiqué sur toute la côte septentrionale du Pérou.

Dans la Cordillère les corps étaient déposés dans le creux des rochers et l'ouverture était ensuite bouchée avec soin.

Dans le sud du Pérou, du côté de la mer, les cadavres étaient accroupis ou étendus dans le sable.

Chez les peuples Aymaras, on élevait des tombeaux en terre appelés *Chulpas* qui renfermaient chacun un certain nombre de corps. La forme de ces chulpas varie, mais la plupart sont terminées en cônes. La porte est ogivale, très-étroite et atteignant rarement la hauteur d'un homme. La chulpa a extérieurement une élévation de cinq à huit mètres.

Ces chulpas se rencontrent quelquefois isolés, plus souvent réunis sur de petites éminences et alignés deux par deux. Les unes sont rondes et coniformes, les autres carrées et plates. La chambre intérieure a ordinairement trois à quatre mètres de hauteur et autánt de profondeur. Le plus souvent ces monuments construits en *pisé* ou en *briques sé-chées au soleil* (*adobes*) étaient recouverts en paillé. Beaucoup sont dégradés par l'effet des pluies qui en ont altéré la forme première ; suivant que le chaume de la toiture était plus ou moins détérioré, les parois extérieures étaient plus ou moins bien protégées ; c'est ce qui a produit tantôt un évasement dans la partie supérieure, tantôt un renflement dans la partie du milieu. Les formes diverses qu'affectent les chulpas sont dues le plus souvent à ces causes accidentelles de détérioration qui ont échappé à M. de Castelnau et l'ont induit en erreur sur la configuration primitive de ces monuments qui étaient seulement de deux sortes dans l'origine : ronds et carrés, comme nous l'avons établi plus haut. Quoique la chambre des chulpas paraisse être au niveau du sol extérieur, il n'en était pas ainsi avant qu'aucune inhumation y eût encore été faite. L'élévation du sol de la chambre n'était due qu'à la superposition des couches de cadavres qui y étaient déposés, et ensuite recouvertes dé terres rapportées ; de sorte que les dimensions de la chambre en hauteur étaient primitivement beaucoup plus grandes qu'elles ne le paraissent aujourd'hui. En entrant dans la chulpa on ne voit qu'un espace vide, car on a les sépultures sous ses pieds.

Quelquefois, les *chulpas* ont deux chambres dont l'une est souterraïne. On y pénètre par une ouverture ménagée dans le plancher de la chambre supé-

rieure. La forme de ces chambres est celle d'un
cône rentré. M. Angrand a visité, sur la route du
Cuzco à La Paz, à deux lieues au sud de *Tyahuanaco*, une chulpa composée de deux chambres superposées, mais sans communication entre elles.
L'existence de la chambre souterraine lui avait été
révélée par la sonorité du plancher dans l'intérieur
de la chulpa. Mais il chercha vainement une ouverture qui correspondît à la chambre inférieure ; or
c'est extérieurement, à deux mètres en avant de la
porte, qu'il découvrit l'ouverture d'un corridor suivant un plan incliné dans la direction du petit souterrain placé sous le monument. Il trouva dans ce
caveau cinq niches qui devaient contenir chacune
un corps. On distinguait encore, parmi la poussière,
des crânes, des débris d'ossements et des restes de
vêtements détruits, contre l'ordinaire, parce que
cette chulpa a été exposée à l'*humidité* par suite du
changement de cours d'un ruisseau voisin. Cette
disposition est très-exceptionnelle, sinon unique.
La contrée où s'élèvent les chulpas est trop humide
pour qu'on ait pu retrouver les objets qui y
avaient dû être enfouis avec les cadavres des Indiens. Les étoffes, les ustensiles et la très-curieuse
poterie dont M. Augrand a fait hommage au musée
du Louvre, proviennent pour la plupart des huacas
de la côte qui sont dans un sol très-sec et dans le
sable. On était dans l'usage d'enterrer auprès du
mort une partie des objets qui lui avaient appartenu
pendant sa vie. La dimension de ces objets était
proportionnée à l'âge du défunt. Près des squelettes

d'enfants on a trouvé des petits ustensiles et des
jouets. Ces objets indiquaient aussi la profession de
la personne inhumée ; ainsi l'on a tiré des huacas
des filets, des armes, etc., qui avaient évidemment
rapport au métier des Indiens qui y étaient enterrés.
M. Angrand a rapporté un grand nombre d'étoffes
trouvées aussi dans ces tombeaux. Elles sont en général assez grossièrement travaillées et présentent
un rapport frappant avec quelques-unes de celles
du musée égyptien, autant pour la disposition du
tissu que pour les couleurs.

Quant à la céramique, nous ne pensons pas qu'aucun peuple puisse le disputer aux Péruviens pour
la prodigieuse variété de formes qu'ils savaient
donner à leurs vases. Ils représentent des animaux
de toute espèce, des quadrupèdes, des poissons,
puis des fruits, des légumes. Quelquefois ce sont
les modèles les plus bizarres qu'ils se sont plu à composer sans que la nature leur en ait même suggéré
l'idée première. Les couleurs et les vernis appliqués
sur la terre sont tellement perfectionnés qu'ils donnent quelquefois au vase un aspect métallique qui
trompe l'œil. Le jaune, le rouge ponceau, le noir
sont les couleurs les plus fréquemment employées.
Nous signalerons comme un des objets les plus curieux de la céramique péruvienne, un vase en terre
noire, catalogué sous le numéro 903 par M. de
Longpérier et représentant un ours assis, rappelant
la posture des divinités égyptiennes. La simple
comparaison entre les objets déposés au musée des
antiquités américaines, et ceux de la belle collection

égyptienne présente des ressemblances si curieuses
qu'il n'est personne qui n'en soit frappé.

M. Ramirez, le savant conservateur du Musée
des antiquités de Mexico, nous assure qu'il possède
un grand nombre d'objets dans sa collection qu'il
serait impossible à l'œil le plus exercé de ne pas
confondre avec les divinités égyptiennes de notre
musée. Il faut ajouter cependant que la ressemblance entre certaines idoles mexicaines et les monuments égyptiens est souvent plus apparente que
réelle. Par exemple, la figure n° 2 du musée américain rappelle, au premier aspect, dans son ensemble
comme dans ses détails, les déesses de l'Égypte ;
mais une observation attentive nous révèle bientôt
que la coiffure de cette idole, qui ressemble au *ca-
lantica* des têtes d'Isis et des sphynx, n'est ni un
voile ni une coiffe, mais figure seulement deux
glands qui retombent sur les oreilles. Il en est de
même de la figure dessinée au commencement du
premier volume de M. de Humboldt sur les vues des
Cordillères.

Nous bornons aux indications précédentes le rapide exposé de la partie archéologique de ce travail.
C'est, nous le répétons, de l'étude des monuments
qu'on peut tirer les documents les plus certains
pour l'histoire de la civilisation du Pérou. Mais
malheureusement les éléments font défaut. M. Angrand aurait fait sans doute une plus abondante
moisson si le temps et les moyens matériels ne lui
eussent manqué. Qu'il nous soit permis d'exprimer
le vœu que la belle et inappréciable collection de

dessins qu'il a rapportée soit complétée et publiée. Il appartient au gouvernement français d'encourager et de solliciter même de nouvelles recherches, de prendre l'initiative de ces utiles travaux qui sont appelés à ouvrir une voie nouvelle à la science.

VI.

CONCLUSION.

Nous avons fait connaître dans les trois premières parties de ce travail les traditions religieuses et historiques du Pérou. Pour ce qui concerne les règnes des incas, nous nous sommes borné à une analyse critique des récits que nous ont laissés les écrivains espagnols, en comparant surtout le témoignage de Garcilaso, le plus accrédité de tous, avec les deux ouvrages le plus récemment publiés en France sur cette matière ; Balboa et Montésinos ; —nous avons fait ensuite, en puisant à la même source, le rapide exposé des principales institutions péruviennes ; — enfin, dans la dernière partie, nous avons cherché à donner une idée des monuments inédits dont les dessins et les plans ont été levés par M. Angrand dans le pays même ; et l'étude de ces documents nouveaux nous a conduit à ce résultat important, que la civilisation qui a précédé l'époque des incas était très-supérieure à celle de ces derniers conquérants indigènes. Nous avions un double but en commençant ce travail : nous voulions 1° établir quelques données certaines sur l'histoire du Pérou avant Pizarre ; 2° tirer des faits mieux connus, et des documents nouveaux qui nous ont été communiqués, quelque lumière sur la grande question de l'origine des civilisations américaines : nous avons exposé les faits ; là conséquence fera l'objet de cette conclusion. Nous disons l'*origine des civilisations* et non des races, car nous n'ignorons pas à combien de curieuses disputes la grande question de l'origine des peuples du Nouveau-Monde a donné lieu. Il est vrai que si les ethnologistes s'échauffent de part et d'autre dans ces querelles sans résultat, cela tient à ce qu'ils ne combattent, ni avec les mêmes armes, ni sur le même terrain ; les uns s'appuient sur les traditions bibliques en faisant intervenir la foi dans les discussions scientifiques, et les autres demandent exclusivement à la science des résultats qu'elle ne peut donner. M. de Humboldt, esprit éclairé, et à la fois indépendant et hardi, nous paraît avoir indiqué la vraie méthode à suivre dans l'étude de cette grave question, en circonscrivant le domaine des recherches scientifiques à la simple observation des faits ; or, les faits que l'observation nous révèle dérivent de deux sources : la tradition et les monuments. En rapprochant les éléments que fournissent les histoires des deux continents, nous pouvons arriver à des résultats presque certains sur les civilisations comparées. Pour ce qui touche à l'origine des races, nous la considérons comme un problème bien difficile à résoudre, et, quant à présent, comme un champ sans limites ouvert aux hypothèses.

En nous restreignant donc au domaine vraiment scientifique, nous ne pourrons, il est vrai, con-

tenter les esprits ambitieux, mais nous satisfe-
rons du moins la curiosité des esprits sages, dont
les exigences, pour être sérieuses, n'en sont pas
moins bornées comme les connaissances humaines.
Or, si l'observation nous découvre des analogies
tellement frappantes et tellement nombreuses qu'on
ne sache raisonnablement les expliquer par la conformité de l'esprit humain, dont la marche et le développement général sont les mêmes partout, il fau-
dra bien admettre qu'il a existé des communications
entre les peuples des deux hémisphères. C'est cette
question que nous traiterons en terminant. Nous
étudierons les rapports que présente le Pérou d'a-
bord, puis l'Amérique entière, avec les civilisations
de l'ancien continent.

On a pu remarquer déjà dans ce qui précède
que les institutions, et mieux encore les monuments
du Pérou, présentent des points frappants d'analogie avec les institutions et les monuments des
peuples de l'ancien continent, et surtout avec ceux
de l'Égypte et de l'Asie. On a pu reconnaître, dans
l'étude que nous avons faite des institutions de ce
pays, des usages conformes surtout à ceux de l'ancienne Égypte. Enfin, dans la description que nous
avons présentée des monuments, on a dû remarquer
que, pour la construction générale des édifices, les
Péruviens employaient les mêmes procédés et les
mêmes formes que les Égyptiens. Sans parler, ni des
reliefs creusés de Tyahuanaco qui rappellent de
loin ceux de Carnac et de Philé, ni de l'art de tisser
les étoffes, de vernir les vases, il existait au Pérou

un ordre de prêtres, les Amautas, dépositaires, comme en Egypte, des traditions sacrées. Ces traits de ressemblance, que l'on peut difficilement regarder comme un pur effet du hasard, doivent-ils s'expliquer, comme l'a cru Grotius, par l'arrivée au Pérou d'une colonie éthiopienne, qui aurait traversé la mer des Indes et l'Océan pacifique, c'est-à-dire qui aurait accompli un voyage à peu près double de celui de Christophe Colomb, et cela à une époque où l'art de la navigation était encore beaucoup moins avancé que de son temps? cela n'est pas sérieux. Si l'on consultait les analogies presque aussi nombreuses qui existent entre la civilisation péruvienne et celle des peuples de l'Asie et même de l'Europe, il faudrait supposer, avec aussi peu de de vraisemblance, que des colonies seraient parties de ces différents pays pour aborder sur les côtes de l'Amérique méridionale. Quoi de plus semblable, par exemple, au collège des Vestales de Rome que les couvents des vierges, filles du soleil, condamnées à être enterrées vivantes quand elles manquaient à leur vœu de chasteté? quelle conformité plus sensible que celle du calendrier péruvien avec le calendrier des Grecs? combien de rapports ne découvre-t-on pas entre les monuments de l'Inde, de la Perse, de l'Asie, de l'Étrurie même, et ceux de la Bolivie et du Cuzco? Or, de toutes ces analogies, que peut-on conclure, sinon qu'elles procèdent d'un caractère commun aux civilisations diverses fixées en Asie et que les peuples, les plus éloignés de ce berceau des civilisations, ont conservé certains

usages qui se retrouvent ainsi les mêmes aux extrémités du monde; tandis que les tribus demeurées
plus voisines de ces premiers foyers ont modifié, avec
le progrès des âges, leurs coutumes, leurs croyances
et la forme de leurs monuments. C'est ainsi qu'aura
disparu le caractère primitif de ces civilisations
chez les nations de l'Asie, tandis qu'il s'est conservé
dans les contrées les plus lointaines, la colonisation
des époques suivantes n'ayant pas étendu ses ra-
meaux aussi loin que les premières émigrations. De
là vient apparemment que le Pérou présente plus
de rapports avec l'Égypte et l'Occident; le Mexique,
la Colombie et l'Amérique centrale, avec l'Inde, la
Chine et le Japon. Ce n'est qu'à une époque voisine
de la conquête que le culte de Pachacamac, pur esprit créateur et conservateur du monde, venu peut-
être d'Asie comme Viracocha, dont le nom offre
un rapport si frapant avec ceux de l'époque héroïque
de l'Inde, s'est introduit au Pérou après avoir sans
doute traversé le Mexique et la Colombie, où les Muyscas avaient déjà un gouvernement, à la foi religieux
et temporel, comme à Jeddo et à Miaco du Japon.

Si maintenant nous agrandissons notre horizon,
et que nous considérions dans leur ensemble les
rapports du nouveau continent avec l'ancien, nous
serons encore plus frappés des ressemblances que
nous révèle l'étude comparée des institutions et des
monuments. La communication très-ancienne entre
les deux hémisphères paraît prouvée aujourd'hui
par les cosmogonies, le culte, les hiéroglyphes, les
langues et les arts.

A l'origine de l'histoire de tous les peuples d'Amérique, nous voyons des hommes barbus, au teint
moins basané que les indigènes, venir organiser les
sociétés, établir la religion, fixer les cérémonies du
culte, et, en un mot, présider à l'organisation des
sociétés comme des génies bienfaisants, à la fois
législateurs et grands-prêtres : Quetzalcohuatl au
Mexique, Bochica en Colombie, Manco-Capac au
Pérou, comme Moïse chez les Juifs, Tsong-Kaba en
Mongolie, et Confucius en Chine. Cette tradition,
partout la même, doit couvrir, sous les fictions dont
l'imagination des peuples s'est plue à l'embellir, un
fond de vérité. Ces personnages, vraiment sacrés,
vénérables instituteurs des nations, ont été les in-
termédiaires entre les deux mondes, c'est par eux
que l'Amérique donne la main à l'Asie. Combien
les analogies s'expliquent facilement, ce point de
contact une fois trouvé !

Comment s'étonner, par exemple, de rencontrer
au Mexique des monuments qui rappellent ceux de
la Chine, de l'Inde et de l'Égypte? de retrouver
sur la pierre de Palenqué un souvenir vague, mais
reconnaissable pourtant des clefs chinoises? Nous
ne rappellerons pas ici les traditions bibliques, sans
doute introduites après la conquête, comme la notion d'une première femme, mère du genre humain,
tentée par le serpent; celle d'un déluge universel,
encore plus répandue, et qui s'est conservée partout : au Mexique, au Pérou, à Guatémala, en Colombie ; cette famille épargnée dans le désastre général, l'existence de ce monument célèbre élevé par

les fils d'un prétendu. Noé mexicain pour se préserver d'un nouveau débordement des eaux ; ces figures mexicaines qui rappellent le serpent mis en pièces par le *Grand-Esprit*, ou le soleil personnifié, qu'on a pris pour un souvenir et une imitation du serpent *Kalinaga*, vaincu par Vishnou, et du serpent Python tué par Apollon ; le *Tonatiuh* de Mexico qui, d'après M. de Humboldt, ne serait autre que le *Krischna* des Hindous, quoique le Krischna soit trèsmoderne, ou le *Mithras* des Persans ; le rapport des calendriers du Pérou et du Mexique avec ceux des peuples d'Asie et d'Europe ; les sacrifices humains des Aztèques rappelant ceux de Siva ; la division de la nation en trois classes comme en Égypte ; Manco-Capac, législateur du Pérou et fils du soleil, comme le Vaivasouta des Hindous ; les quatre âges du monde au Mexique comme en Inde, en Étrurie et en Grèce ; la circoncision établie dans l'Anahuac, à l'époque de l'arrivée de Cortès, comme chez les Juifs et les Musulmans ; les monuments trouvés chez les Mosquitos et dans le Nicaragua, qui rappellent l'art délicat des Hindous et même, a-t-on dit, celui des Grecs ; les colonnes, les mosaïques de l'Amérique centrale qui ont semblé à quelques-uns une imitation de Pompéi ; les quatre proues de navires trouvées dans un hypogée mexicain par Vasquez Cornado, et qui présentent une curieuse conformité avec les proues des jonques chinoises ; la conservation des corps morts par les procédés trèsperfectionnés de l'embaumement, puis l'inscription asiatique découverte au Canada en 1746, et que l'on prit pour des caractères tartares (1), l'usage du papier répandu au Mexique comme chez les anciens peuples de l'Asie, la forme curieuse d'un masque de prêtre, terminé en trompe d'éléphant, aucun de ces animaux n'existant au Nouveau-Monde (manuscr. mexic.) : tous ces points de conformité, et beaucoup d'autres encore, sembleraient nous autoriser à conjecturer que des relations ont dû exister entre les deux continents ; mais il faut se défier de la plupart de ces témoignages, examiner s'ils ne sont pas postérieurs à la conquête, rejeter absolument ces traditions bibliques américaines que M. de Humboldt a cru de fidèles interprétations des manuscrits dont le sens est encore très-obscur pour ce qui concerne le *Noé* et surtout l'assimilation de la pyramide de Cholollan à la tour de Babel. Enfin il faut tenir peu de compte des conformités dans les notions religieuses quand l'identité des noms n'existe pas. C'est la philologie, ne l'oublions pas, qui est le lien sérieux, irrécusable, ainsi que l'a établi rigoureusement M. Ernest Renan. Le nom de Viracocha, évidemment antérieur à la conquête, et dont la physionomie sanskrite est si frappante, en dit plus que toutes les analogies que nous venons de rapporter. Il n'en est pas moins démontré pour nous qu'il ressort de l'étude des antiquités américaines un assez grand nombre de faits certains pour que l'existence de relations entre les deux continents, avant Colomb et avant les Normands, acquierre la valeur d'un fait scientifique.

(1) *Kulm's Reise*, B. III, s. 416,

Mais nous n'avons jusqu'ici fixé aucune époque
à ces relations. Or, d'autres faits, plus curieux
encore, nous révèlent qu'il a existé des rapports
entre l'Asie et l'Amérique après Jésus-Christ; bien
plus, que le christianisme a été répandu dans le
Nouveau-Monde longtemps avant l'arrivée des Espagnols, sinon la religion telle que nous la prati-
quons, au moins des dogmes chrétiens, et les formes
mêmes du culte catholique très-reconnaissable malgré les altérations qu'elles ont subies; le baptême,
le dogme de l'Eucharistie et la communion au
Mexique; la confession auriculaire au Pérou; le
régime monastique dans ces deux pays. La plupart
de ces faits étaient déjà connus à l'époque où M. de
Humboldt a écrit ses ouvrages, mais ce que l'illustre
savant n'a pas expliqué, c'est la filiation de ces
croyances et de ces pratiques, leur origine, la marche qu'elles ont suivie et la transformation que leur
a fait subir la distance et la transmission par les
peuples de l'Asie.

On a cru longtemps que le christianisme n'avait
pénétré dans la Mongolie et la Chine qu'au xiie ou
au xiiie siècle, à l'époque des voyages de Plan-Car-
pin et de Ruysbroeck, et que c'était surtout sous le
règne de Tchinggis-Khan que des relations s'étaient
établies entre l'Asie et l'Europe, et que des missionnaires italiens, français et allemands avaient commencé à se répandre dans le vaste empire des Mongols. M. Abel de Rémusat, dans une lettre fort
remarquable, publiée en 1824, avait fait la bril-
lante exposition des relations politiques et reli-

gieuses de l'Occident avec l'Orient à cette époque.
Des détails très-intéressants sur cette question nous
sont fournis encore par les missionnaires chrétiens ;
enfin, des faits curieux, consignés dans le *Livre de
l'Estat du grant Caan* (1), nous ont permis de con--
naître en détail l'étendue et les progrès du christianisme en Asie vers le milieu du moyen âge. Mais
aujourd'hui nous savons que, vers la fin du viii^e
siècle, Timothée avait envoyé des moines pour prê-
cher l'évangile chez les Tartares Hiung-Nou, et
que ces missionnaires avaient pénétré jusqu'en
Chine après avoir traversé le plateau central ; nous
savons même qu'ils n'étaient pas les premiers, car
on a cru découvrir les traces des premières prédica-
tions chrétiennes en Chine au ve et au vi^e siècle. Des
voyageurs confirment, par leurs observations ré-
centes, les témoignages déjà recueillis par la science.
La fameuse inscription de Si-Ngnan-Fou, dont le
fac-simile est à Paris, à la Bibliothèque impériale,
prouverait qu'en 635, le christianisme était florissant en Chine. On voit, par ce monument, que de
nombreuses églises chrétiennes auraient été élevées dans ce pays, et que des titres magnifiques
auraient été accordés au prêtre Olopen, « souverain
gardien du royaume de la grande loi. » Une persé-
cution, excitée par les bonzes, en 712, troubla les
chrétiens dans l'exercice de leur religion; mais ils
triomphèrent bientôt de tous les obstacles, après
quelques épreuves passagères. Ce monument serait

(1) Compilation du xive siècle , faite par l'ordre du pape Jean XXII.
Voy. le Journal Asiatique, t. VI, p. 68 et 71.

de l'année 781 de Jésus-Christ. Mais on sait que son authenticité repoussée absolument par les savants allemands et néerlandais n'est pas admise par M. Stanislas Julien.

En supposant que l'on conteste l'authenticité de ce titre, il est hors de doute que la religion chrétienne a pénétré dans le cœur de l'Asie à une époque fort ancienne. Le fameux Tsong-Kaba, réformateur du Thibet et de la Mongolie, d'après la tradition, était semblable aux *hommes du ciel d'Occident*. La crosse et la mître, insignes des grands lamas, sont des ornements si semblables à ceux des évêques, que l'on ne peut guère douter de l'emprunt qui en a été fait à notre église. La chape ou pluvial et la dalmatique, portées par les lamas pélerins, l'office à deux chœurs, la psalmodie, les exorcismes, l'encensoir, les bénédictions données par les lamas en étendant la main droite sur la tête des fidèles, le célibat ecclésiastique, les retraites spirituelles, les couvents d'hommes, le culte des saints, les jeûnes, les processions, les litanies et l'eau bénite constituent autant d'analogies bien plus frappantes encore que ne pourraient l'être les dogmes eux-mêmes. Il est vrai que beaucoup de ces formes liturgiques ont pu être propres de tout temps au bouddhisme, antérieur, comme on sait, de 600 ans au christianisme. Quant au chapelet, on ne peut le considérer, avec M. Huc, comme un emprunt fait par les religions de l'Orient au catholicisme, car il était en usage chez les peuples de l'Asie, et surtout chez les Musulmans longtemps avant d'avoir été apporté en

Europe. On le trouve dans un manuscrit mexicain.
Le Talé-Lama est le chef religieux et politique du
Thibet, comme le Pape à Rome et l'Inca au Cuzco.
Le dogme de l'incarnation bouddhique, incarnation
permanente et multiple, ne présente que des rapports fort éloignés avec le dogme chrétien. Brahma
et Bouddha, aussi bien que le Jehovah des Juifs et
le Dieu des chrétiens, aussi bien que la divinité
égyptienne une, incréée, infinie (1), aussi bien que
le grand Fô des Chinois, le Borhan des Tartares, le
Quetzalcohuatl du Mexique et le grand Pachacamac
des Péruviens, est un pur esprit, créateur et conservateur du monde. Ce dogme élevé et vraiment
philosophique, n'exclut pas, il est vrai, le culte des
idoles ; mais quelle est la religion, si pure et si spiritualiste qu'elle soit, qui n'ait ses superstitions et
qui n'en soit souvent réduite à revêtir, pour des
fidèles ignorants, des formes sensibles qu'un obser-
vateur attentif ne doit pas confondre, cependant,
avec les fétiches. Il ne faut pas toutefois, ainsi que
nous l'a fait observer notre savant maître, M. Guig-
niaut, attacher trop d'importance à ces analogies qui
cachent souvent de profondes diversités. Nous les
signalons non comme un résultat acquis, mais
comme un nouveau champ d'étude ouvert à la
science de la symbolique. Tout cela n'a et ne peut avoir
que le caractère d'une hypothèse, tant que des faits
plus nombreux et mieux observés ne viendront pas

(1) M. de Bougé a le premier dégagé ce dogme des superstitions du
polythéisme égyptien dans un récent mémoire, lu, l'année dernière,
à l'Académie des Inscriptions et Belles-Lettres.

répandre une pleine lumière sur ces intéressantes questions.

Si l'on retrouve, en effet, dans tout l'Orient, à une époque ancienne, les idées, les dogmes, la liturgie, les pratiques du christianisme, il ne serait pas surprenant d'en découvrir quelques reflets en Amérique, où tant d'autres faits observés dans la civilisation de ce pays paraissent révéler une origine asiatique. Il peut être encore douteux que des rapports nombreux et suivis aient existé entre les deux continents après le christianisme ; mais il y a tout au moins de fortes présomptions. Sans prétendre donner une conclusion scientifique à ces études, nous ne revendiquons que l'honneur d'avoir appelé l'attention sur ce point, et loin de croire que nous ayons résolu les difficultés, nous nous contentons d'avoir posé la question. Nous n'avons consulté dans le cours de nos recherches que des témoignages authentiques ; nous avons été conduit, en nous tenant soigneusement écarté de tout esprit de système, de toute idée préconçue, à ce résultat que la civilisation de l'Amérique peut bien dériver de celles de l'ancien continent, et que tant d'analogies ne sauraient peut-être s'expliquer par la seule conformité des tendances de l'esprit humain, qui doit, avec le progrès des âges, arriver, par l'effort de la raison, à découvrir les grandes notions philosophiques sur Dieu, l'homme et le monde, mais qui ne peut assurément pas inventer des formes accidentelles, que l'observation nous montre partout les mêmes, dans la manifestation de ses croyances et la satisfaction

13

de ses besoins. Cette coïncidence nous paraîtrait souvent inexplicable. Il faut donc bien distinguer. les découvertes naturelles dues à la nécessité et à l'instinct dans toutes les contrées ou les hommes se sont réunis en société et qui constituent, pour ainsi dire, les caractères généraux de toute civilisation, de ce qui ne se produit que par accident dans le développement de l'esprit humain. Ce sont ces circonstances exceptionnelles, ces accidents mêmes qui devront établir avec une pleine évidence la communication des deux mondes. On reconnaîtra alors que, si tous les peuples de la terre ne sont pas enfants de la même famille, dumoins plus la science fera de progrès et plus les hommes consciencieux, en dépouillant toute passion locale et tout esprit de système, se préoccuperont uniquement de la recherche de la vérité, et plus l'Asie leur apparaîtra comme le foyer de toute lumière, et le berceau de la civilisation du monde.

FIN.

Paris. - Imprimé par E. Thunot et Cᵉ, 26, rue Racine, près de l'Odéon.

CPSIA information can be obtained
at www.ICGtesting.com
Printed in the USA
BVHW04*1407020818
523384BV00006B/85/P